适老化车内交互设计策略与研究方法

杨　浩◎著

Elderly-oriented in-Vehicle Interaction:
Design Strategy and Methods

经济管理出版社
ECONOMY & MANAGEMENT PUBLISHING HOUSE

图书在版编目（CIP）数据

适老化车内交互设计策略与研究方法／杨浩著. —北京：经济管理出版社，2020.4
ISBN 978-7-5096-7070-5

Ⅰ.①适…　Ⅱ.①杨…　Ⅲ.①汽车工程—人机界面—程序设计　Ⅳ.①U461
②TP311.1

中国版本图书馆CIP数据核字（2020）第051161号

组稿编辑：赵亚荣
责任编辑：赵亚荣
责任印制：黄章平
责任校对：陈晓霞

出版发行：经济管理出版社
（北京市海淀区北蜂窝8号中雅大厦A座11层　100038）
网　　址：www.E-mp.com.cn
电　　话：（010）51915602
印　　刷：三河市延风印装有限公司
经　　销：新华书店
开　　本：720mm×1000mm/16
印　　张：11.75
字　　数：175千字
版　　次：2020年4月第1版　　2020年4月第1次印刷
书　　号：ISBN 978-7-5096-7070-5
定　　价：59.00元

前　言

在信息技术与车联网技术日益发达的今天，实体按键交互、触摸屏交互、语音交互、体感交互等交互方式在车内的配合运用越发成熟，但同样也存在很多问题，不一定符合人们的感官偏好与行为特征。由于当代中年与初老期人群中具有驾驶技能和驾驶执照的比例很高，若干年后当这一群体逐渐步入老年期，老年人自主出行的需求会越来越大。但随着年龄的增长，人的行为能力和认知水平会出现一定程度的变化，人—车交互可能会发生阻滞。本书面向初老期与老年期人群的行为与认知特点，以适老化汽车内饰设计为目标，展开车内交互方式与操作行为的研究。

本书的研究成果体现在两个方面：①基于交互方式研究的适老化汽车内饰设计建议与合理性评价；②结合具体研究课题讨论了控制实验和推断性统计方法在创新思维和设计领域的应用。除了研究过程本身外，关于方法的系统性讨论也是本书的价值之一。

在活动中所隐含的逻辑性、规律性和普遍性，既是设计的机会点，也是每一位设计师和设计理论研究者的宝贵资料。发现这些逻辑性、规律性和普遍性是设计研究的核心价值的体现。找到适宜的设计研究方法是实现合理设计的重要一环。本书综合运用多种方法，遵循“理论—实证—评估”的研究流程，以户外实车实验采集行为数据提出设计建议。

在第 1~2 章，本书从同类产品在交互方式上的问题出发，从认知理论视角分析目标用户群体在驾驶过程中的认知特点，并从老年驾驶人交通特性的角度指出车内交互行为分析对汽车设计的意义。借助语料分析法（Protocol Analysis），找出适合目标人群的两种交互方式，并以此为切入点构建了研究假设与测量指标体系。

在第3~4章，本书阐述了实验设计的目的、原则、所用设备、被试选择、信度与效度等内容，对老年驾驶人的行为特征进行了分析，判断出宜老型交互方式，并综述了推断性统计分析方法的基本逻辑与其在设计学领域的应用。

第5章面向第4章得到的宜老型交互方式，针对驾驶过程中的界面系统可用性（System Usability）和车道保持水平两个驾驶特征，以多元线性回归模型和逻辑斯蒂（Logistic）回归模型为分析工具，分析了该交互方式下主要二级任务的作用机理及影响大小，确定了本交互方式的重要意义；基于此，以用户的客观数据（眼动特征）和主观数据（喜好度）为依据，分析了常见的四种屏幕的信息搜索绩效，提出了设计中可以参考的建议。

第6章为评价体系部分。在本书中，对用户的研究不仅为设计建议提供支持，也用于检验和评估设计建议的质量。本书运用层次分析法（AHP）来处理用户对于几种交互方式的判断矩阵，为今后设计方案的完善提供依据。

第7章为研究总结与展望。理论与实证研究的结果均可证实，以操作行为为基础的交互方式研究能够准确捕捉老年驾驶人在汽车驾驶中的相关问题，为内饰设计提出合理而有效的理论依据。本书相关成果可作为交通工具设计机构、交通服务提供机构、老年人生活服务提供机构的参考。同时，本书践行的一整套研究流程，对解决其他类似的、面向老年人操作的产品设计问题也具有参考意义。

本书的出版得到了北方工业大学科研启动基金项目、北方工业大学青年毓优人才培养计划的支持，在此深表感谢。

本书是基于笔者博士学位论文的研究框架与技术路线，融入近三年的研究成果撰写而成。在立意阶段，多次咨询叨扰导师严扬教授；在实验与调研工作的组织管理、人员调配、数据录入过程中，得到了鲁迅美术学院张继涛老师、天津美术学院王玥然老师、北京印刷学院赵颖老师、上海佳昌实业张煜设计师的大力帮助；在探索设计建议阶段，北方工业大学硕士研究生贾若愚同学配合完成了大量工作。在此，特向几位师长、同行、学生致以诚挚的谢意。

由于时间与学识所限，书中内容尚有不足，诚挚期盼读者予以批评指正。

杨浩

2019年11月

目　录

1 绪论

1.1 选题背景与意义

1.1.1 选题背景

21世纪伊始，我国65岁及以上人口数量已达8800余万人，约占总人口的7%（国家统计局，2001）。这是我国人口结构的一次重要转折。根据联合国相关规定，65岁及以上人口占总人口的比例大于7%的国家即为老年型国家（毛海虓等，2005）。《中国老龄事业发展报告（2013）》显示，2012年老龄人群规模达到1.94亿人，老年人所占比例已达到14.3%；2013年，老龄人群规模超过了2亿，多达2.02亿的老年人占到了总人口的近15%。

在我国，老年人口的规模以很快的速度膨胀着。根据2011年公布的第六次全国人口普查结果，60岁及以上人口数量增长到了全国人口的13.26%，比2000年的统计结果提高了2.93个百分点，其中65岁以上人口占8.87%，比2000年上升了1.91个百分点（姜向群等，2013）。中国老龄化进程正在逐步加快。未来几十年，老年人数量将持续增多，预计到

2030 年，60 岁及以上人口比例将升至 24%，2050 年则会提高到 33%（项怀成，2005）。因此，创建一个合理、贴心、宜居的社会环境，使老龄群体能够享受美好的晚年生活，是全社会的责任。

一个人无论处于何种年龄，其独立程度与社会参与程度的重要影响因素之一即为个人出行行为（McGee et al.，1998）。无法出行或被困在家中，经常被认为是“非正常”的表现之一。在对一个人的衰老程度、社会贡献的减小程度、多病并需要护理程度等层面的评价上，这种“非正常”作为评价指标之一被运用得尤为广泛。“出行”要求人们能够独立自主地完成（杨浩，2013；Barker and Bury，1979）。因此，在老年人出行问题上响应其需求，并据此开展相关研究，让老年人也能够感受到驾驶出行的便利和快乐，对于这一群体来说，无论在健康层面还是尊严层面都是一件有意义的事。但目前我国老年人自主出行现状值得反思。研究显示，老年驾驶员发生交通事故的比例及其在交通事故中受伤和死亡比例均逐渐增加，随着老年驾驶员数量的增长，这一问题会更加严重（王佳敏，2019）。

在我国已经实现了养老保障的制度全覆盖以后，2010 年能够靠离退休金生活的占 24%，靠家庭其他成员供养的仍然占到 40.7%（《京华时报》，2014），很大一部分老人仍需要通过劳动来创造收入。党的十八届三中全会召开之后，“延迟退休年龄”成为大众关注的核心议题，且已被纳入养老保险改革方案的研讨当中，成为大势所趋。人社部发布的《2015 年四季度新闻发布会答问实录》中提出，实施渐进式延迟退休年龄政策是党的十八届三中、五中全会提出的重要任务，会适时向社会公开征求意见（人社部政策研究司，2016）。2016 年，全国“两会”上再次明确了这一政策，当时预计年内或 2017 年会出台相关方案，政策方案出台后会有 5 年左右的过渡期，或到 2022 年正式实施（《新民晚报》，2016）。无论该政策何时实施，基本可以预见，将来会出现越来越多的“银发族”要跟年轻人一起涌入早晚高峰的车水马龙中，每天上班、下班。和现在相比，高龄人群的驾驶需求将会日益增大。

由于当代中年与初老期群体中具有驾驶能力和驾驶执照的占比很大，当这一群体步入老年期以后，老年人自主出行的需求会越来越大。老年人的驾驶出行是一个务必需要重视的问题，有很多老年人在退休之后往往不肯放慢节奏，仍然继续自驾出行（李文权，2005）。从某种角度来说，这会导致事故发生率的提升，因为驾驶行为整合了一整套比较复杂的操作，老年人自主驾驶虽然能够提升社会活动的利益，但不能忽视这一群体的生理机能和健康水平下降等因素带来的问题（李文权，2005）。70 岁以下的男性老年人中，有相当一部分相信自己健康水平优良，出行时倾向于骑车或驾驶小汽车，事实上他们的身体机能和反应能力皆已大幅下降（李文权，2005）。老年人骑自行车和驾驶小汽车的交通事故死亡率占全部交通事故死亡率的 24.2%（谭宗奎等，1997）。

与年轻人相比，老年人的驾驶行为会呈现出多种不同，常体现在相同驾驶环境下的压力载荷、与前车所保持的距离、行驶速度等方面（Cantin et al., 2009）。研究表明，老年人驾驶更倾向于选择自动挡汽车（潇潇，2005）。但根据国外相关研究，对于汽车驾驶，无论是自动挡还是手动挡，高龄驾驶人所发生的错误操作都要比年轻驾驶人更多（Selander et al., 2012），这在老年人自驾出行的高死亡率数据中也能得到体现。这反映了一个现状，即现有汽车的成熟交互方式并非适合全体驾驶人。由于对汽车交互方式的不适应，才导致了大量的驾驶问题。如果车内交互方式对老年人来说是合理的，则跟其他年龄层的驾驶人相比，其失误率应不会有显著提升。

1.1.2 选题意义

1.1.2.1 实践意义

针对老年人驾驶的研究在政策、法规、生活服务、社会参与、车载设施等领域，特别是在驾驶辅助系统领域，已经成为热门议题（Li et al., 2005）。但放眼目标市场，以老年人为目标用户而设计的代步工具相对较少，为数不多的几种产品也存在较多弊病，无法针对老年人的具体特点进行积极响应（杨浩，2013）。目前，这类交通工具在生活中出现最多的就是“老年代步车”，但设计合理性很差，很容易酿成重大安全事故。据市交管部门统计，从2011年伊始至2013年10月底，仅在北京市，与老年代步电动三轮车类交通工具相关的事故就造成850余人受伤，130余人死亡（《北京晚报》，2013）。在导致这一现状的因素中，有工程技术因素、驾驶员素质因素、道路法规因素，但最为重要的是载具交互方式的合理性因素。由于生理和认知水平均已呈现不同水平的下降，老年人驾驶出行面临着较大的风险。仅在1992~1995年，因交通事故死亡的男、女老年人分别占全部意外伤害死亡人数的34.85%和15.73%，远高于其他年龄组（吕筠等，1999）。以上资料和数据表明，在自主驾驶这一问题上，有必要面向高龄人群的具体特点展开研究，而不应将高龄人群与其他年龄层等而视之。而该研究的急迫性，在汽车设计领域体现得尤为明显。

1.1.2.2 理论意义

现代心理学把人类所有的能力归结为行为。从这个角度出发，驾驶能力也可以从行为当中得到体现。行为控制包括低层次行为控制（如车道变更行为和车辆转弯控制等）与高层次行为控制（如驾驶认知行为等）。基于以上论述，本书面向初老期与老年期群体，探究其交互行为特征，展开“面向汽车内饰设计的适老化交互方式”研究，即以已有交互方式的功能及结构作为依据，以能满足高龄人群需求的“适老化交互方式”为标准对初老期至老年期人群的驾驶相关行为能力进行研究，以此来特别关照高龄人群，避免他们在驾驶过程中在生理和心理上出现不适。在本书提出的“适老化交互方式”中，以高龄人群为设计主体，整合和转化现有产品的功能结构，以协同设计的方法建立起高龄人群适用的车内交互体系结构，让未来的设计和开发的产品能够有据可循，满足更合理、更创新、更人性化的设计要求。

研究显示，有驾驶执照的老年人选择出行的比率是无驾驶执照的2.55倍（张政，2009）。现阶段我国的高龄群体中，驾驶执照持有率还不是很高，老年人自主驾驶出行也还没有得到足够的关注。但目前中年期与初老期群体中驾驶执照持有率已经相当高，在技术持续进步和经济不断发展的社会大背景下，该群体在步入老年阶段后会继续发挥自己的这一能力，延续驾驶习惯。老年人群体所拥有的机动车的数量将会持续上升，老年人自驾出行将会成为未来老年人出行的一个主要特点，需要研究者予以重视。另外，年老之后，人的身体机能和认知水平等生理、心理因素均呈现出不同程度的下降。研究表明，老年人反应时间较长，且多采用低速驾驶（赵晓华等, 2013）。考虑到这一问题，车内交互方式的研究对于解决老年人自驾出行问题具有较大的学术意义。

以往针对交互行为的研究中，大多是从认知的角度出发，建立行为模型；或从道路环境的角度出发，寻找与现有路况和交通信息相契合的驾驶行为。从科学研究的角度来看，这是可行的。但研究成果比较抽象，难以为设计师所采纳及应用。基于产品设计，从具体交互任务出发，界定交互方式合理性的研究很少。本书从工业设计师的视角提出研究方案，力求在已有产品的功能及结构基础上，找到最适合高龄人群的人—车交互方式，发掘出初老期与老年期人群的潜在需求。从目前文献回顾的结果来看，这类研究较少。本书可以为这一领域提供补充，让该领域的研究能够更好地与生产相衔接，减少研究滞留。

1.2 研究内容与研究目的

本书基于调研统计结果，以最常见的“实体按钮/旋钮”交互和“触屏”交互作为切入点和实验载体，涉及的研究内容包括：老年人驾驶行为特征；年龄、心率等驾驶相关因素对车内交互方式的影响；驾驶难度与交互过程中所产生的心理负荷；交互方式的影响因素及车内交互的作用机理；交互方式研究与内饰设计的结合；交互方式的评估方法；等等。

为设计实践提供理论基础、让研究成果可以转化为设计方案是本书的主要目的。因此，需要明确交互方式研究对内饰设计的理论价值，获得对仪表面板、中控台等内饰元素的设计具有指导意义的数据。整合这些数据的方法同样是本书的研究内容。在工业设计学科中，研究致力于为设计服务，所做的分析需要能落到实处、与设计对接。即当设计师拿到研究结论时，应该能较为直观、清晰地把握其脉络，并快速运用于设计过程之中，使设计方案成为科学、合理、有效的产品。基于此，本书会以适老化乘用车内饰的“设计”为研究目标进行实验设计和数据采集，避免过于抽象的研究假设，面向产品设计所需要了解的具体问题拟定研究项目。

驾驶人的车内交互涉及驾驶任务（为实现、调整和维持车辆行驶而发出的任务，如启动、制动、方向控制、车灯控制等）与二级任务（驾驶操作之外的其他辅助性交互任务，包括导航使用、车载娱乐系统控制、车内微环境调节、通信与网络的使用等），受个体差异、交通环境、气候条件、心理状态和车辆特性的影响，具有很明显的差异性，但是特定驾驶人群体的交互行为又会存在普遍的规律性。发现这种规律，有助于提升汽车内饰设计的合理性。车内交互行为可以看作为实现某种出行目的，在驾驶过程中的一段连续时间内驾驶人的一系列决策之整合。根据认知心理学相关理论，驾驶行为可以分为信息感知、分析决策和车辆操控三个阶段（吴海伟，2011）。其中，车辆操控阶段涉及控制器的设计、所采用的交互方式、空间尺度与布局等方面，是设计可以发挥最大作用的阶段。通过采集、提炼、分析相关信息，构建能够反映操作水平的指标，如工作负荷（Workload）、喜好度、仪表面板的系统可用性、车道保持水平等，可以分析不同驾驶情境下的交互行为和操作特征，为面向老年人的汽车内饰的面板造型、操作器、空间布局等设计对象提供理论依据。

数据分析作为研究系统下的一个应用功能，在各种研究中都会发挥其巨大的作用。在本书中，合理的数理分析方法能为设计研究人员发现问题背后的本质和规律提供一种便捷的手段。但目前的设计领域中，基于数据分析，特别是推断性统计分析的研究还不是很多。在老年人交通工具设计领域，好的推断性统计可以帮助设计师明确很多潜在的问题并对设计机遇进行预测。通过与具体的项目结合，践行合适的数据分析方法也是本书的重要研究内容之一。

驾驶作为一门技术，熟练程度对驾驶人的交互水平是具有一定作用的。但本书致力于对交互方式和操作行为的研究，而非与驾驶有关的个人因素（经验、阅历、职业、学历、家庭构成等）的研究。因此，本书的分析部分将驾驶经验定为控制变量之一，不作为影响变量进行分析，即所招募的被试均具有相当的驾驶经验。但在分析之后，根据研究结论会提出一些设计建议，作为今后相关设计的参考方向。在对这些设计建议进行评价的过程中，还会对评价者的驾驶经验有所要求，要求参与评价的驾驶人属于熟练驾驶员、有乘用车驾驶经验、有车载电脑的操作经验，以确保评估结果的信度和效度。

1.3 概念界定

1.3.1 车内交互行为

行为是指人类与其他动物的动作、行动方式，以及对环境与其他生物体或物体的反应。辛向阳（2015）曾提出交互行为的五要素：用户、场景、行为、工具或媒介、目的。车内交互行为就是驾驶人在驾驶过程中体现出来的一系列实际行为。概括来说，其会为驾驶人的实际动机、实际能力、实际状态及周围环境等因素所影响（陶立，2012）。如前文所述，车内交互行为可以看作为实现某种出行目的所做出的连续决策的整合，当然，这种过程必须是在满足安全规范的前提下的（肖献强等，2010）。根据研究需求，本书设计直线驾驶、“S”形道路驾驶、大半径转弯驾驶三种情境，分析不同交互方式下典型二级任务的特征。

车内交互是一系列比较庞杂、系统化的劳动，对驾驶人的脑力和体力要求都比较高，其前提是确保车辆的安全行驶，过程中要控制油门和制动，同时还要处理道路上其他元素，如车辆、行人、导视标识、交通信号等。驾驶任务的操作动作包括加速、减速、倒车等；二级任务的操作动作包括按、旋拧、点击、滑动等。每一项交互行为都体现为完成该行为所必需的一整套操作动作。现有研究显示，要确保车辆能够实现适当行驶，驾驶人须掌握约 1500 个不同的知觉—运动动作（钱宇彬，2011）。

美国和欧洲多国的交通事故统计结果显示，交通事故中有 80%~90%是由人的因素导致的，美国 Indiana 大学面向交通事故的诱发因素进行过一次调研，结果表明约有 85%的事件与驾驶员有关，车辆因素导致的事件只有大概 10%，而道路环境问题所引发的事件仅为 5%左右（钱宇彬，2011）。日本研究者对多国交通事故诱因进行了归纳，其中驾驶员问题所占比例为：美国、日本均超过 90%，德国超过 80%，意大利为 50%。虽然相关研究的需求和研究前提不尽相同，但各个国家在这一问题上基本已经达成共识：驾驶过程中的操作问题是导致交通事故的一个主要原因（钱宇彬，2011）。

驾驶员的决策体现于对车辆的操作，操作源于决策。车内交互操作要求驾驶人能够熟练使用相关的控制器。现有研究显示，一般情况下“驾驶车辆”这一任务对驾驶员能力所提出的要求都能被满足（Manning et al.，2013）。

1.3.2 交互方式与合理交互方式

1.3.2.1 交互方式

交互方式是指车内交互所采用的方法与形式。每一种交通工具的操作情境都对应着一系列交互行为，特定交互行为的有序组合也就构成了一种交互方式。交互方式、交互行为之间的关系如表 1-1 所示。对合理交互方式的研究也就是对驾驶任务与二级任务中的一整套交互行为的研究。基于老年人生理、心理特点，在本书中重点讨论“传统实体交互”（a 方式）和“触屏交互”（b 方式）。

表 1-1 本书中交互方式、交互行为

交互方式	交互行为	操作/决策（以二级任务为例）
a 方式	驾驶任务 二级任务	导航（外接手机） 空调（按钮+旋钮） 使用微信（外接手机） 收音机（按钮+旋钮） 通信（拿起手机） 仪表识读（传统机械仪表）
b 方式	驾驶任务 二级任务	导航（触屏） 空调（触屏） 使用微信（触屏） 收音机（触屏） 通信（触屏） 仪表识读（电子仪表）

研究表明，在驾驶过程中，用户 95%的精力聚焦在驾驶行为上，只能抽取仅 5%左右的精力与时间来操控车载系统，完成二级任务，因此也就决定了车载系统呈现出的功能逻辑、信息布局都必须使用户能在极短的时间内完成交互任务①。在内饰仪表面板与中控部分的设计中，不能仅考虑美学，更要考虑任务完成所需的时间。

1.3.2.2 合理交互方式

与年轻人相比，高龄人士的交互行为会呈现出多种不同，常体现在相同驾驶环境下的工作负荷、与前车所保持的距离、行驶速度等方面（Cantin et al.，2009）。对于老年人来说，最重要的一点是最优行驶速度（optimal velocity），对速度的追求要满足安全驾驶条件，且需要保持稳定，过分的慢行和求快都不可取。这就要求驾驶员能够实时、高效地对环境信息和车辆、行人等其他道路元素做出反应，即心理资源分配的问题。为了满足这一需求，合理的交互方式应能让驾驶人在比较短的时间内完成信息

① 资料来源：http：//www. woshipm. com/ucd/1015530. html。

识别与操作，且操作流程比较顺畅，以避免复杂流程带来的误操作。就高龄人群的交互方式而言，不应出现长耗时操作和错综复杂的操作界面布局。除任务完成时间之外，对于车辆内饰交互界面的适老化设计还须考虑驾驶人的动作精确度因素。根据相关理论，对于具有视觉反馈的运动，精度主要与运动时间有关（赵江洪，2007）。如果能给予足够长的时间，运动精确性都较高。

合理的交互方式需要考虑定势行为。定势行为是一种固定行为模型，用于描述既有认识或先验行为所带来的心理活动，这种固定行为模型会将人的行为控制在同一水平上，或带有一定的趋向（叶龙等，2005）。举例而言，日本的漫画书往往需要读者从左往右翻，与中国印书规范相反，对于习惯了翻阅中国图书的读者，当他拿到一本日本漫画书，经常会下意识地从右边开始翻，出现错误动作，且很难做到熟练阅读，需要经过一段时间的学习和适应后才能掌握。现有研究表明，依照固定的行为模式，可以简化人脑的工作，缓解人的负担；相应地，如果构建了不合理的行为模式，则会产生很多问题（赵军，2008）。因此，设计合理的交互方式，不能单纯追求创意和突破，也要考虑人的经验、习惯和定势行为的问题，对传统的形式予以保留。

葛雷佳里（Gregory）说过，设计是拿出令人满意的产品。过于超前的设计，用户的接受度也许会降低。就面向老年人的产品设计而言，全新的设计对于这一用户群体来说学习成本则会更高。因此，本书主要基于现有产品而展开，重点分析目标市场占有率较高的交互方式。对于目前尚未在目标市场中广泛流通的交互方式，如体感交互、虚拟现实交互等，以及仰卧式驾驶、站立式驾驶等驾驶姿态，虽然也会为部分老年人所接受，但在本书中不做重点讨论。

1.3.3 老年人

1.3.3.1 年龄界定

老年是人的生命历程的其中一个环节，一般以年龄来表述和界定，目前，根据我国卫生部的规定，60 岁是成为老年人的“门槛”（应斌，2003）。年龄是一种多维度的概念，这种“多维性”会造成用年龄进行的界定也是多维度的（顾大男，2000）。在医学、社会学、经济学、心理学、公共管理学等不同的研究领域，“老年人”的定义也会产生不同，国内外的老年学研究者在这一定义上有数十种不同看法（刘超，2008）。概括来说，定义老年人的维度（见表 1-2）主要有日历年龄（也叫实足年龄）（chronological age）、生理年龄（physical age）、心理年龄（psychological age）和社会年龄（social age）等（刘超，2008）。

表 1-2　老年人的界定方法

划分方法	界定标准
日历年龄	西方国家：初老期（45~64 岁），老年期（65~89 岁），老寿期（90 岁及以上） 部分发展中国家：男子 55 岁、女子 50 岁即进入老年期 我国：初老期（45~59 岁），老年期（60~79 岁），老寿期（80 岁及以上）
生理年龄	可分为四个时期：生长发育期（0~19 岁），成熟期（20~39 岁），衰老前期（40~59 岁），衰老期（60 岁及以上）。生理年龄 60 岁以上的人被认为是老年人
心理年龄	心理年龄可分为三个时期：未成熟期（0~19 岁），成熟期（20~59 岁），衰老期（60 岁及以上）。心理年龄 60 岁及以上的人被认为是老年人
社会年龄	我国：男性（年满 60 周岁），女工人（年满 50 周岁），女干部（年满 55 周岁）。达到以上年龄的人被认为是老年人

资料来源：应斌．美国细分模型对我国老年市场界定及营销的启示［J］．江汉大学学报（社会科学版），2003（12）：80-84.

在进行老年界定时，年龄是最基本的细分变量。由于年龄具有社会性，对年龄的划分也就不可避免地带有了社会性（顾大男，2000）。因此，传统意义上的年龄，即实足年龄便有了局限性。

1.3.3.2　感知年龄

感知年龄（cognitive age）是一个人自我感知的年龄，因此有些文献又称为“自我感知年龄”（self-perceived age），它是自我概念的一种特殊形式（刘超，2008）。在对消费者行为展开的研究中，经常使用日历年龄。它是一种易于测量的、客观而普遍的属性（Settersten et al.，1997）。虽然日历年龄是消费者行为的一个重要影响因素，但将其作为分析变量应用于与年龄相关的研究时，它并不十分有效（Barak et al.，1981）。根据 Schiffman 和 Sherman（1991）的研究，跟生理状态相比，年龄更多反映的是一个人的精神状态。现有研究表明，人们往往会有一个自己感觉到的年龄，而不是由生物钟时点所决定的那个日历年龄（Wilk，1992；刘超，2008）。跟自身的日历年龄相比，人们往往会感觉自己更为年轻或年迈，这种自我感觉到的年龄很有可能会对人们的日常生活造成影响（Barak and Schiffman，1981）。因此，脱离了特定的某种社会语境的话，日历年龄将体现不出任何作用（刘超，2008）。由此产生了对更为有效的年龄定义的需求，并带来了关于感知年龄的研究。在一定程度上，正是日历年龄的缺点和不足，才让学者探索到另一种非日历年龄的量度方法：感知年龄。就本书而言，由于要研究的指标反映的是驾驶员的行为能力，因此日历年龄并不能很好地说明研究对象的特性。从研究需求出发，将用户群的感知年龄作为分析变量是比较合理的。

感知年龄概念适用于所有年龄层，许多研究显示，即便是年轻人和中年人，他们的感知年龄和日历年龄之间也同样存在差异（刘超，2008）。然而，感知年龄还是最常被应用于 55 岁（实足年龄）以上的较为年长的群体，因为他们是感知年龄表现最为明显的群体（Stephens，1991）。早在 1956 年，Blau 在研究年龄识别（age identification）问题时，就调查过老年人究竟是将他们自己视作中年人还是老年人（Stephens，1991），这直接影响了他们的行为决策结果。

感知年龄较低的个体与感知年龄较高的个体之间存在社会的和心理的差异，尽管尚不知这种差异是否正是感知老化的原因或表现。一般来说，感知年老的个体较少看望子女，更少参与社会活动、文化活动或者教育活动（刘超，2008）。感知年龄是一个具有深刻内涵的复合心理变量，它不仅表达出了日历年龄的信息，也隐含了其他消费者人口统计特征（刘超，2008）。因此，设计研究中应该重点对待感知年龄，而不是全部人口统计变量，以避免研究模型过于复杂造成内部效度被削弱。

基于此，本书提出假设：感知年龄较低的老年人更具有驾驶需求和驾驶能力。在潜在消费群体的确定上，感知年龄较高的老年人未必适合自主驾驶出行。汽车是一种消费品，从消费者的角度来说，尽管目前对“老年消费者”尚没有标准的年龄界定，但55岁通常被绝大多数老年消费者感知年龄研究所采用（Johnson，1995；Stephens，1991；Chua et al.，1990；Wilks，1992；Gwinner and Stephens，2001；Wei，2005），同时它也是研究感知年龄问题较早的美国退休者联合会（the American Association of Retired Persons，AARP）所采用的门槛年龄。本书面向城市老年人，并兼顾初老期群体在未来对于驾驶的高度需求，将所选取被试的年龄范畴定位于55~79岁。按照我国日历年龄界定标准（见表1-2），55岁处于初老期的后段，若干年后即将步入老年期（60~79岁）。即年龄在55~79岁的人才会被本书纳入研究对象，并进行感知年龄测量。感知年龄在同一水平上的人，其日历年龄可能相差20岁（刘超，2008）。但由于其感知年龄的水平相近，因此在社会参与和心理差异上具有较强的共性。而这种共性，恰恰是本书所面向的研究群体的共性。同时，如前文所述，由于历史背景原因，我国65岁以上人群在年轻时出行以自行车和公共交通为主，因此步入老年期之后，对驾驶技术易出现自信缺失，自主驾驶意愿普遍较低。而目前处于初老期的城市人群，长期自驾出行的比例较高，今后继续自主驾驶的意愿较强，因此，为提高研究结果的有效性，在选取被试过程中会以初老期与老年前期人群为主。

大多数感知年龄研究都是采用一个简单、直接的问题来评价感知年龄（刘超，2008），要求被试从“年轻的”（young）、“不显老的”（not old）、“中年的”（middle-aged）、“稍老的”（elderly）、“老的”（older）、“很老的”（very old）这些典型形容词中选出能描述自己感知年龄的一个。这样做虽然易于操作与分析，但评价维度过于单一，很难准确描述这个比较复杂的现象。这些形容词，如“稍老的”（elderly），表意太过于宽泛。本书以Barak和Schiffman（1981）提出的年龄段量表（Age Decade Scale）进行应募者感知年龄的测量（见附录E），该量表的四个测量维度分别为：感觉年龄（feel-age），即被试自己认为自己有多大年龄；视觉年龄（look-age），即被试认为自己看起来是多大年龄；行为年龄（do-age），即被试根据平日所参与之活动而判断自己有多大年龄；兴趣年龄（interest-age），即被试根据自身兴趣爱好来判断自己有多大年龄。通过这四个维度的测量，由被试选择出最符合自己真实情况的年龄段（如50多岁等）。对某一维度取值时，取某一年龄段的中间值，如被试在某一维度的测量项上填写“50多岁”，则取值为55。四个测度项的均值即为应募者的感知年龄。与单一维度测量相比，年龄段量表法虽然在操作过程中花费的时间较长，但更加专业和精确（刘超，2008）。

1.3.3.3 活动理论、疏离理论、整合理论：如何看待老年人与社会的关系

随着社会的不断革新与成长，国人寿命随之增长，出生率的下降也使人口老龄化的速度不断加快。老年人与老年人、老年人与年轻人之间的关系，老年人所熟悉的居住场所和生活环境，老年人的出行，都受到了现代化发展带来的影响。经济发展导致人们对稀缺资源的需求日益增长，代际之间对社会资源的竞争，使老年人处于不利地位。这在老年人自主驾驶出行问题上体现得尤为明显。即老年人是否应该自主驾驶出行？这对于社会资源的合理分配是否存在问题？该语境之下的“老年人”应该是何种老年人？

步入这一生命历程之后，老年人也需要学会适应年老后的生活。代际之间对社会资源的竞争也就转化为“老年人应当怎样去适应这种角色和活动日渐丧失的生活”这一问题。目前，主要有活动理论、疏离理论和整合理论这三大理论视角。

活动理论认为，老年阶段发展应当坚持维系充足的活动量和适当的活动范围，这有益于老年人适应老年生活，因此，研究应当对老年人在晚年生活中如何通过转换角色和参与新的活动来维持一定的活动能力的问题加强关注，而能否寻找到新的角色和活动受到以下几个因素的影响：第一，是否存在这样的新角色和活动；第二，是否具备胜任的生理与心理能力；第三，是否有这一意愿（裴晓梅，2004）。

疏离理论认为，老年人自愿地撤离从前的角色或退出从前参与的活动，并认为这种疏离是老人适应年老生活的一个正常过程（裴晓梅，2004）。基于这个视角，帮助老年人合理地从社会中“疏离”而不是积极参与，也许对老年人的精神和心理更有好处。

整合理论视角强调“适当的撤离”。部分老年学研究者认为，重新分配老年人的精力以弥补其进入老年阶段后所面临的参与活动的缺失，使其有选择地疏离，更有益于老年人适应晚年生活，比如，当一个身体健康且有继续工作的意愿的退休老人在重获工作机会时，他当然可以选择继续工作；但如不具备良好的健康水平或没有遇到合适的工作机会，他也可以把时间和精力分配到其他活动当中，如帮助子女抚养孙辈，或发展有益于身心健康的个人兴趣，而不必因此而产生郁结情绪（裴晓梅，2004）。

整合理论对于老年人自主交通工具的设计具有重要意义。就本书研究对象而言，对于相当一部分仍有自主驾驶意愿、自主驾驶能力的老年人，我们不能禁止和扼杀其自主驾驶的权利。当然，也不应一味地主张老年人在自主出行上的“过分参与”。采用一些量表来检测被试的日常生活能力、智能精神状态和认知能力等各项要素，排除“户内生活型老人”，由此来界定能够出行并有驾驶需求的老年人则更具有说服力。在社会角色的转换过程中，有些老年人具有更高的适应性和更强烈的参与意愿，如其健康水平良好，应鼓励其延续年轻时的出行能力，积极参与社会活动，以更快、更好地适应老年生活。而有些老年人并没有这么强烈的参与意愿，那么基于疏离理论的视角，帮助其更好地从驾驶出行中“疏离”、寻求其他方面的发展才是更合理的解决问题的思路。

1.3.4 其他相关关键词

本书所涉及的关键词包括“老年人出行”（transportation/mobility of old/senior people）、“老年驾驶员”（senior driver）、“驾驶行为/能力”（driving behavior/ability）、“老年人工作负荷”（workload of old/senior people）、“老龄化”（aging）、“行为测量”（measurement of activities/behaviors）、“认知能

力”（cognitive ability/level）、“反应时”（reaction time）、“完成时间”（completion time）、“视觉搜索”（visual exploring/searching ability）、“老年人工作绩效”（job performance of the elderly）等。在文献综述阶段，与本书相关的各个领域的文献均有所涉及，如老年人交通伤害研究、老年人认知能力、老年人多发病、老年人出行行为、老年人交通特性、交通工具设计等。通过文献检索与回顾，梳理现有技术及研究成果，明确研究方向。

1.4 本书结构

本书由七章组成，在结构关系上可以分为三部分，分别是：①理论研究（第 1~2 章），包括研究背景、相关理论基础、市场现状与用户调研等内容；②实证研究（第 3~5 章），包括实验设计、老年驾驶人行为特征分析、老年人车内交互的作用机理等；③设计评估与总结（第 6~7 章），讨论设计评价方法，构建评价体系模型，探讨未来研究方向。三个部分按照研究流程展开，确保研究的完整性、系统性和严谨性。本书的组织结构框架如图 1-1 所示。

第 1 章为绪论。本章主要提出本书所关注的问题，讨论研究背景和意义，确定研究内容和目标；通过文献回顾总结国内外相关研究成果、侧重点和发展趋势；明晰概念，包括“操作”“行为”“交互方式”等模糊概念，并对本书重点讨论的“合理交互方式”“老年人”的范畴与内涵进行了界定；探讨一些基本理论，如感知年龄、老年人与社会的关系等。

第 2 章为车内交互方式现状与用户信任度研究。本章综述了目标市场的常见交互方式，包括问题较大但比较常见的低速机动代步车的交互方式，由此引出研究问题。本章聚焦于老年驾驶人交通特性与生理心理特点，比较了几种主流交互方式，并基于用户口语报告，以定量研究配合质性分析，决定了需要重点研究的交互方式，提出研究假设，引出第 3 章的实验设计。

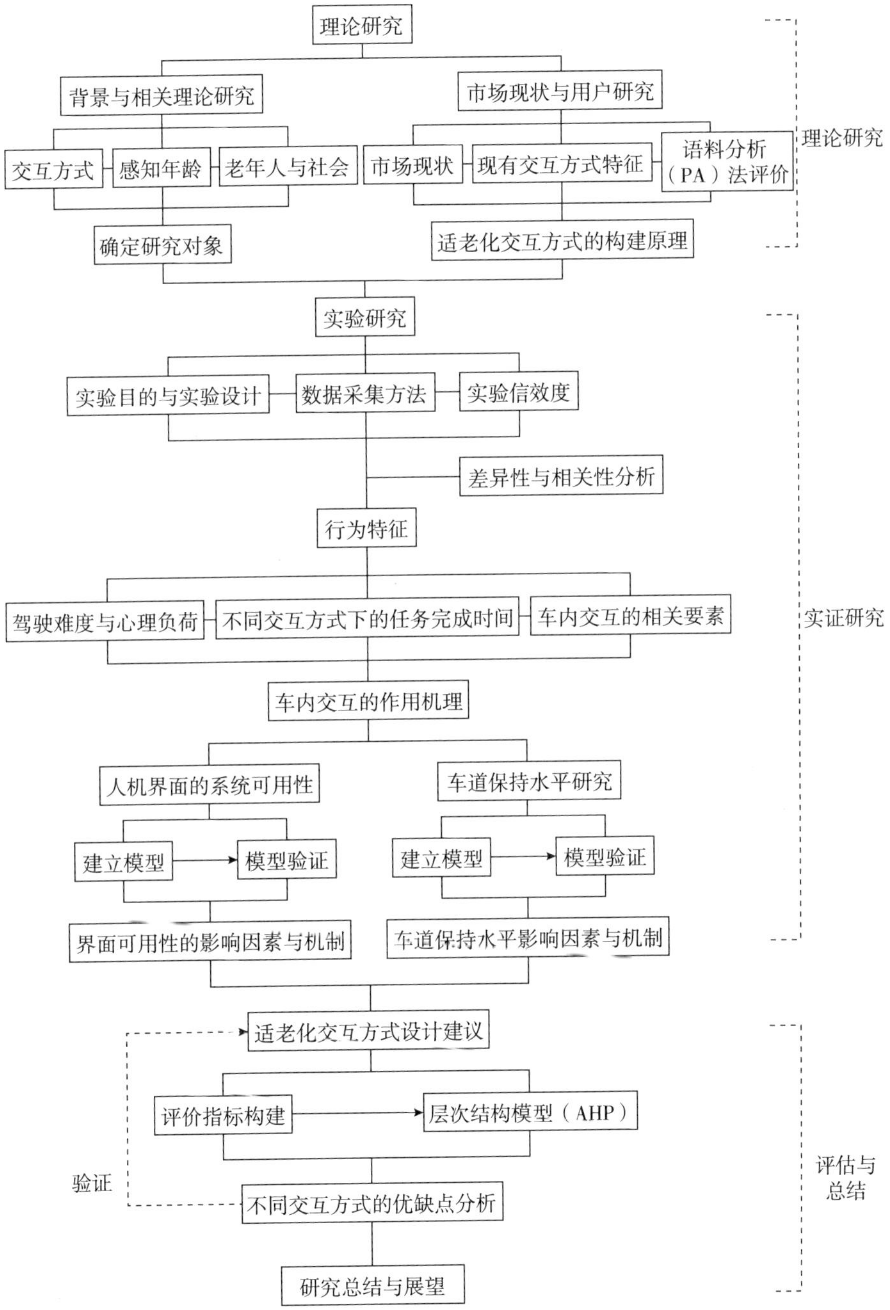
理论研究
背景与相关理论研究
市场现状与用户研究
交互方式
感知年龄
老年人与社会
市场现状
现有交互方式特征
语料分析（PA）法评价
确定研究对象
适老化交互方式的构建原理
理论研究
实验研究
实验目的与实验设计
数据采集方法
实验信效度
差异性与相关性分析
行为特征
驾驶难度与心理负荷
不同交互方式下的任务完成时间
车内交互的相关要素
车内交互的作用机理
人机界面的系统可用性
车道保持水平研究
建立模型
模型验证
建立模型
模型验证
界面可用性的影响因素与机制
车道保持水平影响因素与机制
实证研究
适老化交互方式设计建议
评价指标构建
层次结构模型（AHP）
验证
不同交互方式的优缺点分析
研究总结与展望
评估与总结

图 1-1 本书的组织结构

第 3 章开始进入本书的核心部分，重点阐述了实验设计的原则与数据采集的过程，介绍了实验中使用的器材、研究的信度与效度等问题，提出通过采集心率、认知水平、心理负荷、任务完成时间等生理、心理与行为数据，分析老年驾驶人在不同交互方式下的作业绩效问题，为交互方式合理性的分析收集资料。

第 4 章为老年驾驶人行为特征分析。通过第 3 章收集到的数据，运用相关分析和 T 检验等方法探讨和比较车内交互相关要素之间的关系，建立起各要素之间的关联机制，定位适老化交互方式。本章也讨论了量化研究在设计学领域的应用意义与假设检验的基本逻辑，讨论了在这样一种研究中运用推断性统计的意义。

第 5 章为老年人车内交互行为的作用机理研究。本章分别以适老化交互方式下的“界面系统可用性”和“车道保持水平”为因变量，建立了线性回归模型与 Logistic 回归模型，探索交互方式的影响因素及其作用大小，并讨论背后的原因。根据研究结论，结合眼动特征与喜好度评分，本章也提出了相应的设计建议，可以作为适老化汽车内饰设计的方向和参考。

第 6 章为适老化交互方式评价体系构建。通过层次分析法，构建设计建议评价体系，确定专家群，探讨可行性决策方法。通过本章研究，可以了解到不同交互方式中各项交互在哪些维度上具有合理性与可行性。

第 7 章为研究总结与展望。本章对全书进行了总结，并讨论了本书的局限性和有待于进一步研究的问题，对未来该领域的研究进行了展望。

1.5 本书研究方法、技术路线与创新点

本书遵循“理论基础—调研—实验—数据分析—设计建议—设计评价”的技术路线展开。根据各个章节的研究内容，运用不同研究方法与工具，确保研究在尽可能不制约设计师的设计思维的前提下，保证客观性和严谨性。

（1）调研与文献回顾。通过调查法，确定需要重点分析的车型；之后运用观察法和语料分析法（Protocol Analysis，PA）面向老年用户展开第二轮调研，明确适合用户且为用户所需的交互方式，即实验载体。

（2）实验。通过户外实车实验，采集被试的行为、生理、心理数据。设计直线路段、“S”形路段、大半径转弯等操作情境，要求被试根据研究人员指示完成实验任务，同时采集认知水平、工作负荷、刹车次数、失效操作次数等能反映驾驶人作业绩效的数据。

（3）数据分析。通过推断性统计分析方法，挖掘数据的规律，并由此获得适老化交互方案，作为合理交互方式建构的参考。借助 SPMSQ、IADL 等量表，获取被试的认知特点，作为控制变量，尽量使数据不会出现过大的变异性。从主观评价（工作负荷）和客观评价（刹车速度）两个层面来分析驾驶难度，确保两种实验车辆的数据具有内在关联度。

（4）设计建议。对实验数据进行分析后，根据结论提出设计建议。设计建议不是设计方案。设计建议的提出，反映了笔者与团队的一些思考。但工业设计涉及因素众多，一个汽车内饰设计所涉及的问题很难由一本书完全讨论清楚。本书从交互方式的角度出发给今后的内饰适老化设计提出一些建议，有利于相关领域的设计师和研究者进行参考。而这些建议应该如何实施、如何转化为设计方案，仍需继续深入研究。

（5）用户评价。采用层次分析法，由专家型用户对交互方式进行评价。设计建议形式的成果由于离产品化和市场化还有一定的距离，无法通过实验来直接测得有效数据。但“建议”仍然需要获得用户的评价，以明确其合理程度。因此，在现阶段的评价中，采用的评价体系就显得十分重要。层次分析法适用于部分信息明确、部分信息模糊的具有不确定性的对象，通过小样本数据即可进行分析，揭示和挖掘具有明确性的那一部分信息。这种方法结合了定量计算和定性分析两种决策方法对问题进行处理的优势。虽然最终结果是由计算产生，但此方法充分融合了定性分析的特点，充分利用了评价者的经验和知识，因此与一般的量化研究方法相比，可以利用的原始材料更多、更深入，对问题的分析结果也更为准确。层次分析法以两两比较的方式打分，构建判断矩阵，使打分者在评价时的决策思维数学化，避免主观疏漏和矛盾，比较适合设计建议的评价。

在创新性方面，本书着眼于三个目标：为交通工具的适老化设计提供资料支持、为适老化交互模式的搭建提供理论框架、探索定量研究方法在交通工具设计研究中的应用。

在面向老年人的交通工具设计中，设计师面临的最大问题就是“体验”。由于我国设计师群体年龄结构整体偏向于年轻，在设计的过程中很难切身体验到年长人群的不便之处。仅靠定性分析与观察，难以发现本质问题。本书的研究成果是适老化交互方式的构建，可以直接作为设计师的参考资料，使设计过程科学化、理性化、规律化，并提炼出设计建议，使研究结论的应用价值在设计迭代过程中不断得到完善与提高。

目前已经有很多研究者进行驾驶行为数据库的搭建，而本书力求为该领域再增一笔。科学研究在揭示和处理问题的过程中会积累大量的知识。本书的研究过程本身就是一种设计研究方法的知识积累，不仅是解决某一个问题、供某一个时间段使用，而是力求可以在更长的时间里和更大的范围内为设计人员提供信息。

2 车内交互方式现状与用户信任度研究

如前文所述，车内交互方式是驾驶任务与二级任务的操作所采用的方法与形式。虽然车内交互方式种类繁多，人机界面的形式、尺度各异，但从操作行为的角度分析，可以归为几种类别。交互方式的运用会影响到车辆的内饰设计风格、功能实现与性能优劣。就汽车内饰设计过程而言，界面的布局、尺度与空间的规划、驾驶人的适应性等问题均与交互方式有关。在针对交互方式展开研究之前，需要明确何种交互方式适合老年人。本章重点为汽车交互方式的现状分析，从客观分析和用户评价两个方面展开。

2.1 问题提出：低速代步车交互方式概况

提及老年人交通工具，人们往往会联想到一种特殊的产品，国内一般称为“老年代步车”。在我国三四线城市与乡镇地区，该类产品覆盖面极广，即便是在一线城市，如北京市的非核心地段，也经常可以在路上见到。但该类产品严格来说并不符合我国机动车辆相关的法律法规要求，无法上牌，危险性也较高，上路时问题较大。该类产品可以说是社会发展过程中，为满足一定时期内人们的特殊需求而出现的阶段性产品。由于“老年代步车”在一定程度上获得了我国消费者特别是中老年消费者的认可，本节尝试从交互方式的角度分析该类产品。

目前，“老年代步车”在我国交通系统中还不是一个规范概念，也并未被列在道路上牌目录上（姚明月，2015）。对该类产品的市场占有率进行分析后发现，在现有目标市场上，无论是全封闭车棚、半封闭车棚或无车棚，无论是二轮车、三轮车或是四轮车，从交互方式上来看，基本体现为汽车型、摩托车型、机动轮椅型三种。因此，这几类交互方式比较具有代表性。其中较为常见的是一种采用了汽车外形的小型车辆，在操作方法上却不同于传统汽车，而是结合了摩托车的方向操控和汽车的油门操控。对于这种操作上的“加法”的作业绩效，目前并未见到足够严谨、充分的研究，是否适合老年人的认知特点和驾驶特性亟须讨论。

在典型产品方面，目前市面上大量出现一种带有“V”形操作手柄的老年人电动代步车，这类车辆在握持车把的双手的拇指位置设置了一个“V”形的操作杆，按住“V”形的右侧为前进操作，按住“V”形的左侧则为倒退操作，松开手柄则自动刹车。这样一种操作方式与传统的电动摩托车、机动轮椅等都不相同，用户的学习效果尚不明确。目前也未见到相关的实证研究来分析此种驾驶方式。由于此种操作杆在交互层面上语义不够明晰，左、右两侧的按压操作与车辆的倒退、前进行为之间不存在直接的逻辑关联，用户很难在脑海中建立驾驶操作（左—右）与任务目标（前—后）之间的联系，容易出现误操作。且容错设计做得不够好，缺乏行为约束。一旦用户判断失误或手指颤抖导致失误，会直接触发误操作，导致严重后果。

机动轮椅车是采用了轮椅形式的机动代步工具。根据国家标准（GB 12995—2006），机动轮椅车的起动、刹车、油门等各控制装置应该全部由驾驶员上肢操作。根据老年人的生理特点，选择这样的操作更加合理。研究表明，跟下肢肌肉纤维数量的衰减和萎缩水平相比，人的上肢肌肉纤维数的衰减、萎缩水平更低，高龄人群总是先在腿部运动上呈现出肢体运动障碍（孟亚，2012）。老年人的一些多发性疾病，如关节炎、风湿等，也会使老年人的下肢活动能力衰退，这会对高龄驾驶人的下肢驾驶操作绩效产生较强影响（杨浩，2015）。但在国内，该类代步工具还没有得到很好的开发，只是单纯地作为残疾人或高龄老年人的代步工具。在国外，该种操作方式已经脱离了传统意义上的轮椅，成为一种典型性驾驶方式，如英国的 Hexhog（见图 2-1），驾驶性能、安全性均比较高。

图 2-1 英国推出的 Hexhog 全地形轮椅车

资料来源：http：//www. hexhog. com/。

重庆大学王盛学（2007）依据轴距和转向轮的特征，将现行的低速机动代步车辆产品分为两种类型：一种前后轮之间具有较长的轴距（一般情况下>800mm），车轮中有转向轮；另一种前后轮的轴距较短（一般情况下≤600mm），没有转向轮，通过两个独立驱动的驱动轮的速度差来实现转向。从研究中可知，第二类就是前文所述的机动轮椅车。

从操作的角度来看，两者都有可取之处，需要具体分析。另外，国内少数厂家将以上两者结合，生产了一种同时具有两者特点又跟两者均不相同的电动代步车，多为三轮。驱动轮既可以是前面的单轮，也可以是后面的两轮。这种车辆在驾驶操作上与前述第一类代步车基本一致，但由于交互方式的问题，对于老年人来说难以控制，危险度较高（王盛学，2007）。

个人交通工具的种类有很多，彼此之间差异性较大。关于“步入老年期后会选择何种交通工具”，笔者于 2017 年 3~6 月带领学生面向初老期（45~59 岁）人群进行了相关调研工作（n=218），因为若干年后，该群体将会步入真正意义上的老年期。调研对象均具有驾驶经验，工作通勤或生活外出会以私家车为主要交通工具，居住地分布于北京市石景山区、海淀区和东城区。调研结果显示，如不考虑选择步行和乘坐公共交通的人，从自主驾驶的角度来看，有近 35%的受访者选择在步入老年期后继续使用汽车，有超过 15%选择三轮或四轮电动代步车，有不到 10%的受访者选择机动轮椅类代步车（见图 2-2）。自行车并非机动交通工具，而选择摩托车的人又非常少。从研究所得数据和访谈结果来看，基本可以认为，对于有驾驶能力的人，普遍对汽车更为接受。对汽车交互方式展开研究，成果转化为设计实践的可行性较好。在本书中，以“任务完成时间”作为反映交互操作水平的指标，以“交互界面的系统可用性”与“是否能保持在规定车道上行驶”两个指标来反映交互方式的合理性。

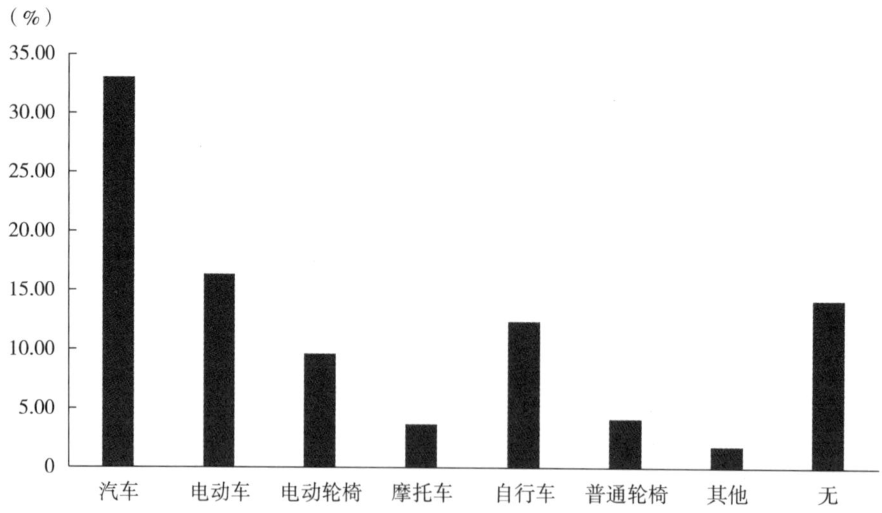

图 2-2　2017 年北京市老年人对于交通工具的选择

2.2　理论研究：老年驾驶人与现有车内交互方式的特性

2.2.1　车内交互行为

现代汽车诞生已有100多年的时间。作为个人交通工具的一种，汽车所特有的一些优势为人类生活条件的提高和现代社会经济的发展做出了卓越的贡献。但与这些贡献相对的，是汽车及其他机动交通工具所带来的交通拥堵、伤亡事故等问题。如第1章所述，该类问题的产生多是由人的因素造成的，驾驶人的因素正在扮演越来越重要的角色。在此趋势之下，道路交通与行驶安全研究的关键问题就落到了针对驾驶人行为的研究上（王武宏等，2001）。

关于驾驶行为与车内交互，国内研究已经做得比较全面、充分，受到关注的主要包括驾驶失误的心理与生理因素的测量和评价、长途驾驶的心理与生理因素的变化、夜间驾驶的安全性、驾驶与道路信息的交互水平等方面。但车内交互行为比较繁复，且会被行人、环境等车辆行驶过程中的各种难以全面把握的外在因素所影响。同时，车内交互行为与一般的行为存在差异的另一个体现为，该行为会为一些社会因素所限制，如交通管理法规等，这些都会造成交互行为特征研究的难度加大（王武宏等，2001）。目前，尚缺乏可直接应用于内饰界面布局及面板造型设计的、对用户的客观行为特征进行分析的研究。

除了研究难度所带来的问题，缺乏对于老年人的特殊考虑也会给研究成果造成一定局限性。例如，汽车往往用于一段较长的路程，具有较高的速度，需要有足够的约束机制才能保证驾驶员的安全驾驶。这也是汽车的驾驶操作比较复杂的原因之一。而老年人的出行多在较短的距离范围之内，多为去医院拿药、接送孙辈上下学、公园健身、相约娱乐等。虽然今天越来越多的老年前期人群会自驾前往远郊地点野餐、游玩，但一般会错峰出行，且不赶时间，速度较慢，少有高峰期出行，“激进型驾驶”的情况也相对较少。因此，面向老年人群体的交互行为特征研究也是亟须丰富的一个领域。

从工业设计学科的立场上分析交互方式，就是要通过研究找到适合老年人驾驶的车辆控制方式，为设计的开展提供支持。工业设计旨在重构现有问题，并通过实体产品的设计，整合系统设计、服务设计等理念，提高用户的体验。适合老年人的机动交通工具，其内在价值和竞争优势的实现需要基于设计研究者对用户的深入洞悉。

对合理交互方式的研究，需要挖掘交互行为的关键性影响因素。在“合理性”评价上，常用的定性研究方法较难发挥效用。原因之一是驾驶过程中的行为需要量化才能清晰呈现，并针对老年人总体的特征进行推断。适合年长驾驶人的内饰，需要符合该群体的操作行为与认知行为特点。不同的交互方式下，信息处理的过程均不相同。了解驾驶人采用每一种交互方式的行为特征，有利于明确该交互方式的利弊。

如前文所述，从认知角度出发，交互行为对车辆的行驶状态存在一定影响，体现为驾驶人的操作动作（王武宏等，2001）。这是由于，根据认知理论，可将交互行为划分为三个阶段：感知阶段、判断决策阶段、动作阶段。其中，动作阶段作为车内交互行为的最终阶段，由于需要借助于驾驶员的感官和运动器官来完成，在驾驶安全方面具有较大的影响，需要进行深入的研究。

人进行任何的运动或者动作，包括点击、长按、划动等手势操作，都需要一定的力量。不同人的力量差距很大（赵江洪，2007）。研究表明，工业化国家的人口中力量大的人的力量是虚弱之人的 6~8 倍，差距非常明显。对人体力量造成影响的因素有很多，年龄、身体尺度、遗传因素、动作熟练程度、性别等都是影响因素。其中，年龄是比较显著的因素之一（赵江洪，2007）。因此，在交互行为的研究中，需要重点分析年龄因素与交互操作的关系。本书将会在第 4 章中探讨年龄问题，分析各项交互操作在多大程度上受到感知年龄的影响。

2.2.2 驾驶人交通特性

驾驶人的身体健康情况，即生理素质，必须适应汽车驾驶要求（赵晓华等，2013）。这个条件限制了老年人驾驶。即如果驾驶人本身的生理素质无法达到驾驶行为所必需的要求，那么即使该驾驶人有驾驶需求，也较难在交通系统中取得一席之地。这是因为，在各种道路交通要素中，人具有非常重要的作用。在驾驶过程中，驾驶员出现的失误是导致交通问题的直接原因。虽然驾驶人的差错会由不同的因素引发，包括驾驶人自身的生理心理问题、道路法规、交通运行环境等，但驾驶人自身是引发交通事故的根本原因（赵晓华等，2013）。老年人群体的生理素质差异性较大，因此，需要对生理素质进行界定，在此基础上再去研究驾驶需求。对老年驾驶人的交通特性进行研究，是一个较好的方法。

根据现有研究，在道路交通事故中，有多达 7.8%的事故是由反应操作失误造成的（赵晓华等，2013）。因此，对驾驶人的交互操作进行分析，是了解驾驶人交通特性的重要方面。从包容性设计的理念出发，设计应该满足绝大部分人的需求。通过对适应驾驶要求也具有驾驶需求的老年人的交互操作进行研究，找到老年驾驶人的交通特性，将有助于汽车内饰的适老化设计。

整个驾驶过程可以概括为“感知—判断—操作”的模型（见图 2-3）（赵晓华等，2013），操作绩效是影响驾驶水平的一种重要因素。从模型中可以看出，在驾驶过程中，驾驶人首先经历车辆本身的信息和道路环境等信息的感知阶段，之后针对接收到的信息展开判断和加工，此时会产生信息反馈，并进一步影响到操作阶段。操作完成会使车辆正常行驶，而这一流程中的信息反馈又会成为补充信息，由驾驶人感知和接受。操作既是驾驶过程中信息处理任务的最后一个阶段，也是人—机交互发生作用的关键阶段，是驾驶人交通特征的重要体现。从设计的角度出发，研究具体的交互任务，有利于保证内饰界面布局和操作器设计的科学性与合理性。

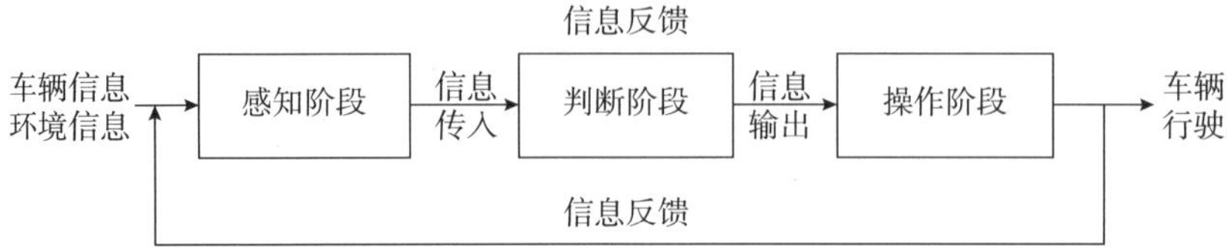

图 2-3　驾驶过程信息处理模型

2.2.3　老年人驾驶特性

某一群体的驾驶特性体现于该群体的交通特性与操作效率。研究表明，老年人反应时间较长，且多采用低速驾驶（赵晓华等，2013）。运动心理学研究表明，反应时与动作的精确度有关（严进洪，2001）。随着年龄的增长，驾驶人往往倾向于采用较低的行驶速度。根据驾驶人交通特性，可以进一步概括出适宜的交互方式应该具有的表征。根据驾驶过程信息处理模型（见图 2-3），驾驶人通过其感官（视觉器官、听觉器官等）获取交通信息，做出决策判断，之后再进行动作。行为的发生，与驾驶人的交通特性有着直接的关系（赵晓华等，2013）。因此，对交互方式宜老性的分析，可以基于老年人的交通特性而展开。

不同的交互方式都有其特定的操作行为。作为驾驶过程的最终环节，操作的效率和有效性可以反映出车辆与驾驶人之间的交互效果的优劣。人体的各部位在工作中的行为动作频率是有差异的（赵军，2008），控制力和控制效果同样也是有所差异的。当然，也不能单一地强调操作效率。根据动作精度水平相关理论，较长的时间会带来更高的操作精度。车内交互直接关系到驾驶员的生命安全，与操作速度相比，操作精度即操作完成的有效性更为重要。

2.2.4　老年人驾驶认知特点

周华东等（2007）针对高龄和中年驾驶人通过 MMSE 量表、HRSD 量表、神经行为量表对被试的认知能力进行了测试，并做了心理学检查，研究显示，高龄驾驶人在认知水平、抑郁程度和神经行为反应能力等方面与对照组相比都呈现出显著差异。国外研究者 Salthouse 的研究结果表明（McKenna，1982），老年人的动作速度与操作能力均与年龄存在负相关，即随着年龄增加，操作速度与操作能力呈下降趋势，这会给老年驾驶员带来一种负面心理反馈（见图 2-4）。国内相关研究成果也显示，高龄人群与中年和青年人群相比，反应时呈现出明显的不同：随着年龄的增长，感知时间、判断、动作时间均有所延长（张殿业等，2004）。

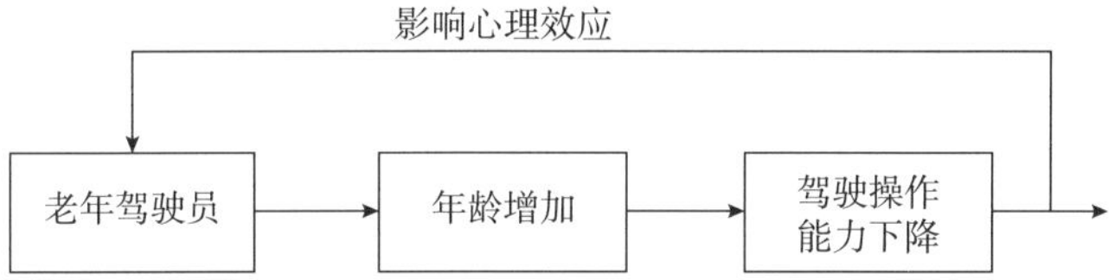

图 2-4　老年驾驶员心理效应

老年人在两个方面呈现出与年轻群体的不同（Moven et al.，2003）：第一，处理信息的方式不同；第二，运动能力开始下降，视觉、听觉等感官的敏锐度均有所下降，由此造成在处理信息时效率降低。信息加工的质量与信息传递有着很强的关系。根据驾驶过程信息处理模型（见图 2-3），驾驶过程中的各个环节被信息的传入、输出和反馈连结在一起。要实现心理资源的最佳匹配与信息加工的质量最大化，各个环节都很重要。

信息分为信息量大的信息和信息量小的信息，其衡量标准是信息的“不确定性”。例如，“明天有可能降雾”这个信息，由于非人力所能把控，天气预报的准确性也经常受到质疑，因此其对于人来说具有较强的不确定性，这就是一个“信息量较大”的信息。而“驾车时应系好安全带”这个信息，由于人能进行把控，因此不确定性较小，是一个“信息量较小”的信息（赵江洪，2007）。信息量小的信息重要性却不一定也小，例如前文所述的“驾车时应系好安全带”信息，虽然信息量不大，但却十分重要。驾驶过程中，需要处理的大多数信息都是这种。为老年人自驾出行带来安全隐患的一个主要问题就是“误操作”，研究表明，误操作同样是由于老年人的认知能力下降造成的（见图 2-5），包括感知时间延长、判断时间延长和动作迟缓、不稳定（张殿业等，2004）。对于老年人来说，由于信息处理方式发生了变化，在认知问题上也就出现了不同。如将老年驾驶人置于工业设计的“用户”的角度上，则可发现用户的失败操作直接由动作的迟缓、不稳定等问题所导致。针对交互操作动作开展研究，有利于弥补老年人认知水平的下降。

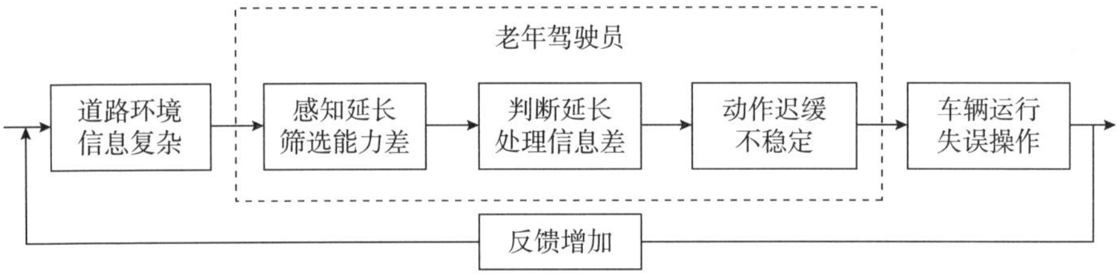

图 2-5　老年人驾驶失误模式

驾驶员的应激反应特征包括生理反应（如心率加快）、情感反应（如主观心理负荷增强、焦虑感增加）和行为反应（如侵犯性驾驶行为）（赵江洪，2007）。本书基于该理论，分别用心率变化、NASA-TLX 量表和任务完成时间来评价和分析老年驾驶员的驾驶认知问题。

2.2.5　当前汽车交互方式

今天的汽车已不再是传统上的纯硬件交互。大尺寸触屏、8 核处理器、4G 网络属性的“第三副驾”等新技术逐渐出现在车辆产品中，交互方式呈现多样化（见表 2-1）。概念性的交互方式近年来也快速涌现，如以方向盘为载体的手势控制（Kern et al.，2011）。德国采埃孚（ZF）集团在 2018 年初推出的方向盘中就应用了这种交互方式，通过拍打方向盘的不同位置来触发交互动作，如按喇叭、调节温度等。由于还没有在市场普及，用户群体尚未稳定，因此不作为本书重点研究内容。

表 2-1　几种主要交互方式与交互对象

视觉交互		行为交互（二级任务）
仪表	后视镜	
机械仪表	传统后视镜	实体按键/旋钮+智能手机
液晶仪表	智能后视镜	触屏（手势交互/语音交互/体感交互）
HUD		

单从信息显示方式来看，带有中控车装屏幕的车辆已逐渐成为主流，为车内视觉交互和行为交互带来了重大变化，如传统机械仪表与液晶仪表在信息传递水平上的改变、传统后视镜与兼具电子狗/GPS/行车记录仪功能的智能后视镜的感知差异性等。以二级任务的行为交互为例，交互方式主要分"实体按键/旋钮"交互和"触屏"交互两种，其中触屏交互往往会辅以少量实体交互（如路虎揽胜星脉的空调控制）。此外，语音提示和体感识别技术的运用也越来越多，但后者目前在用户体验方面尚未做得足够好，问题较大。语音提示也存在类似问题，特别是在车联网信号较弱的情况下，出错率较高，用户易于产生挫败感。Rannery 等（2005）对车载系统的语音操作和传统基于视觉、手动操作的交互方式进行了比较研究，结果表明，语音操作过程中需要驾驶员的视觉资源相对减少，然而语音识别技术在记忆性、指令形式的明确与固定性方面对用户的要求比较高，应用上可能存在问题。

触摸屏的信息交互绩效与屏幕的形式有关，目前基本包括嵌入式屏和悬浮式屏（如特斯拉 Model 3）两种安装形式。从屏幕形状来分类，可以分为横向、竖向两种。按数量来进行分类，又可分为单屏、双屏、四屏等（Yang H. et al.，2017）。与传统的实体按键、旋钮相比，不同形式的触屏交互对驾驶体验具有何种影响需要分析，以指导今后的车辆座舱设计。仪表、后视镜等运用了新的信息交互技术的车内部件同样有这一需求。

在当前阶段，尚不适合完全抛弃物理按钮，使用触控操作。尽管部分触屏已经搭载了触觉反馈功能（如保时捷 Taycan 的车机屏幕、奥迪 MMI

系统等），但与传统交互方式相比，仍然存在肌肉记忆与可学习性的问题。实体按键/旋钮调整方式可降低用户学习成本，沿用原有用户习惯，实体按键/旋钮的物理反馈对于用户体验也非常关键。但有必要对触屏交互与实体按键/旋钮交互下的交互任务进行分析，判断其任务完成时间。飞机驾驶舱、国际空间站内的操作面板上，开关、按钮、拉杆星罗密布，是为了便于作业人员迅速找到可能用到的功能入口（赵江洪，2007）。在汽车的有限空间内，什么样的交互方式更利于高龄人群的信息检索与作业绩效，可以以任务完成时间为切入点展开研究。

2.3 现有交互方式的用户信任度研究

在不同交互方式下，驾驶人会出现一系列行为与心理变化。一个比较直观的例子就是，人们在乘坐不同交通工具的过程中，安全感具有较大差异。研究表明，飞机的事故率远低于汽车。但乘坐飞机的乘客与乘坐汽车的乘客相比，总是会更容易产生危险的感觉。从本质上来看，这是由控制权所带来的差异（谭浩等，2015）。即乘坐飞机时，控制权完全不在乘客手中，而乘坐汽车时，乘客具有一定的控制权。乘客一般认为，一旦面临事故，自己至少可以砸破车窗跳车。因此，在心理上对汽车的信任感更强。与之类似，让用户产生包括“信任”在内的良好用户体验，是车辆交互方式的一个重要评价因素。

本节的研究内容是日常驾驶情境下用户对不同交互方式的信任感。能让用户更为信任的交互方式，更容易被用户所选择。这是一个非常宽泛的议题，使用户产生“信任”的因素很多，既可能跟用户自身的经历相关，也可能跟车辆操作的难易水平有关。因此，本节基于口语分析法，分析几种交互方式下用户在信任感上的差异，并初步评估在这些差异中，哪些是用户所关注的问题。

2.3.1 研究方法

2.3.1.1 信任度

信任是一个社会心理学概念，表明了某种社会行为中，某个体对另一个体的态度、体验与情绪（谭浩等，2015）。在交互设计领域，“信任”经常以可信性的概念出现，软件和交互系统的可信性是指软件、系统和交互行为与人们的预想相符，在受到干扰时仍能持续提供服务（谭浩等，2015）。

从这两个概念中，可以看到“信任”包含了两个维度的约束：舒适感和安全感。对象的舒适性和安全性往往会影响主体对其的态度、体验和情绪。符合人们的预期，也是人们对于经验的信赖，即“熟悉”。在受到干扰时是否还能继续运作，同样是安全性好坏的一个重要反映。

2.3.1.2 口语分析法

本节参考谭浩等（2015）的研究成果，结合社会心理学的相关理论和文献，采用口语分析法对用户信任度展开研究。通过用户在不同交互方式下的口语报告在语义上的差异，比较四种交互方式下信任度的差异。

口语分析方法是对用户的口语报告进行分析的一种方法，使用用户的自然语料，真实地反映事实。口语分析法所基于的其中一个理论前提就是：认知过程是可以被人意识到并通过语言表达出来的（赵江洪，2007）。本节研究面向老年人群体，主要基于中文词汇语义学的相关研究，从程度、内容和倾向性三个层面分析用户的口语报告。

在程度的评价上，谭浩等（2015）曾使用该方法对无人驾驶汽车用户体验进行了研究。该研究根据吕叔湘、邢福义、张桂宾等对现代程度副词的研究，并结合心理学研究中对于语言心理度量的相关研究，建立了面向中文的程度副词分级表（见表2-2）（张桂宾，1997；邢福义，2000）。本节研究基于此表，结合受访者的口语表达习惯稍作调整和修改，作为分析依据。

表 2-2　中文程度副词分级

分级	各级程度副词
无（0）	未使用程度副词
低（1）	稍、稍稍、稍微、稍为、稍许、略、略略、略微、略为、些微、多少、有点
中（2）	较、比较、较比、还、不大、不太、不很、不甚
高（3）	更、更加、更为、更其、越、越发、倍加、愈、愈加、愈发、愈为、越加、格外、益发、还、很、挺、怪、老、非常、特别、相当、十分、好、好不、甚、甚为、颇、颇为、异常、深为、满、蛮、够、多、多么、特殊、大、大为、何等、尤其、无比、尤为、不胜
极（4）	最、最为、太、极、极为、极端、至、至为、顶、过、过于、过分、分外、万分

该分级表基于一个假设，即中文程度副词对于个人的心理感受的描述是一个等距连续变量，即量化后，可以比较数据的大小。比如，按照程度副词分级表，“略为”为低级程度，可赋权重值 1；“比较”为中级程度，可赋权重值为 2。对用户的口语报告的分析将采用此分级，对用户的语言进行分级评分。由用户对几种交互方式进行口头评价，考察口语报告中程度副词出现的次数，并评价其级别和倾向（正向和负向），由此获得这几种交互方式的分数。通过比较分数，可以初步评价用户对于几种交互方式的态度，呈现用户的倾向。

2.3.2　研究过程

笔者采访了 30 名具有一定驾驶经验的老年人，受访者均生活在北京市石景山区，以北方工业大学附近三个小区的居民为主。“经验”是指被采访用户必须对本节研究需要考察的四种交互方式（传统实体按键/旋钮交互、触屏交互方式、语音交互、体感交互）均有了解。30 名被访者中，男性 22 人，女性 8 人。

受访者情况如下：全部受访者具有三年以上汽车驾驶经验或仍然以汽车作为主要出行交通工具；全部受访者均会使用智能手机或 iPad，使用时间在三年以上，对触屏交互的信息层级、菜单等概念，点击、滑动、长按、两指缩放等操作有所了解，其中 6 人同时使用两部智能手机；24 人在电脑或手机上使用过语音交互；12 人的私家车带有中控触屏。30 人中，12 人了解过体感交互，对于剩下的 18 人，笔者团队以视频展示了 AliOS 的交互方式，让受访者充分认识了单指轻滑调节音量、两指摆出“V”字形拒接来电并唤出小云、三指完成收藏音乐、拳头轻滑缩放地图、五指平行切换音乐等车内交互。受访者构成情况如图 2-6 所示，共分为七种情况，对只有一种交互方式使用经验的受访者与具有两种及以上交互方式使用经验的受访者分别进行了统计，如具有中控触屏交互经验的 16 人，被分为“中控屏幕”“中控屏幕 * 语音”“中控屏幕 * 体感”“中控屏幕 * 语音 * 体感”四组。其中，后三组会与具有车内语音交互经验的 15 人和具有体感交互经验的 12 人有所交叉。

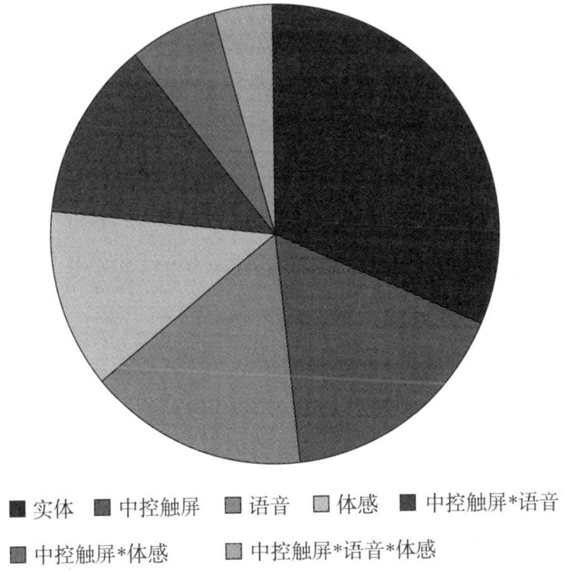

图 2-6　受访对象经验情况

采访使用了一些引导性问题。原则上在访谈中并不会使用这些问题，以获得用户的自然口语报告。但如果受访者由于紧张、暂时性遗忘等原因说不出有意义的语料，研究者会适时抛出这些引导性问题，引导受访者说出真实的经历和感受。引导问题见附录 A。

每位受访者自我陈述时间为 3~5 分钟，研究者会通过对话的方式尽可能全面地收集用户的语言描述。在说明采访内容之后，会给用户 2 分钟时间进行思考和回顾，以保证语料的真实性和客观性。收集到的全部语言描述均作为口语分析的原始资料，包括“嗯”“那个”“是吧”等语气词。本节研究中也会使用质性分析辅助说明结论，这些语气词有助于提升编码工作的准确性。

2.3.3 数据分析

2.3.3.1 信任度分析

对用户的口语报告进行分析，并结合上下文语境判断用户的倾向。如果某形容词表达的内容是正面、积极的用户体验（如轻松、愉快、舒适等），则判断其倾向性为“正”；相对地，如果某形容词表达的内容是负面、消极的用户体验（如压抑、恶劣、难受等），则判断其倾向性为“负”。

在判断出用户的倾向性之后，即可分析用户对于每一种交互方式的体验的评价，并通过副词分级的权重值来对该评价进行量化，以此判断用户对某种交互方式的信任度高低。根据表 2-1 的程度副词分级表，以及“中文程度副词对于个人的心理感受的描述是一个等距连续变量”这一理论，对低、中、高、极高四个级别的程度副词分别赋予 1、2、3、4 的权重值。信任度的计算如式（2-1）、式（2-2）所示（谭浩等，2015）：

$$Q = \alpha \cdot E = \left(\frac{k}{K}\right) \cdot \frac{1}{N}\sum_{i=1}^{m}(n_i a_i) \tag{2-1}$$

$$N = \sum_{i=1}^{m}(n_i) \tag{2-2}$$

式中，n_i表示某一倾向（正或负）的形容词在某一程度分级上出现的次数，例如，正向评价的形容词中，判定为“低”程度的次数为 6 次，则在正向评价中，$n_1=6$。a_i表示某一程度分级的权重值，根据表 2-1，a_i只有1~4 这四个取值，因此 m=4。式（2-1）中 $\sum_{i=1}^{m}(n_i a_i)$ 这一部分，表示了某一倾向（正或负）的形容词在程度上的权重水平。N 表示的是某一倾向的形容词在所有分级上出现的总次数。通过把四种分级下该倾向形容词的出现次数求和而得出。由此可以计算出 E，即为用户对某种交互方式的某一倾向的加权平均值。但这还不能作为最终结果，因为并不是每一位受访者都会对某种交互方式或相关的研究问题进行评价和报告。为了在公式中反映这一问题，谭浩等（2015）的研究中加入了可信系数 α。在 α 的计算中，k 表示对某种驾驶方式进行评价的受访者人数，K 表示参加测试的总人数。通过这样的计算，最终可以获得用户对于某种交互方式的正面、负面两方面的评价，分析用户对于四种交互方式的信任度。

2.3.3.2 质性分析

为提高信任度分析的可靠性，可以运用质性分析对用户的口语报告进行深入的整体性探究。通过 NVivo 12 软件，完成对用户访谈视频的编码与分析。此外，在软件中对访谈内容进行转录后，形成文本文档 30 份，作为内部材料。将 30 段访谈视频作为外部材料，以观察受访者在谈及用车体验时的表情与肢体动作，从中提取受访者的舒适与不适的情感并进行编码，配合文本材料进行分析。

根据自我决定理论（Deci et al., 1985），对访谈文本与视频材料设置三个节点：自主感、胜任感、归属感。在用户出现相关语料时，分别对其语料文本与所对应的视频内容进行编码。三个节点同处一个节点层级，为提高分析的内部效度，避免节点结构过于复杂造成因果关系模糊，本节研究不设嵌套层级。文本与视频材料的软件编码界面如图 2-7 所示。

2.3.4 研究结果

针对上述四种常见交互方式，30 位受访用户的语义分析结果如表 2-3 和图 2-8 所示。本节计算了正向评价和负向评价的均值，并使用单因素方差分析来判断不同的交互方式对用户的正/负评价结果是否具有显著影响。

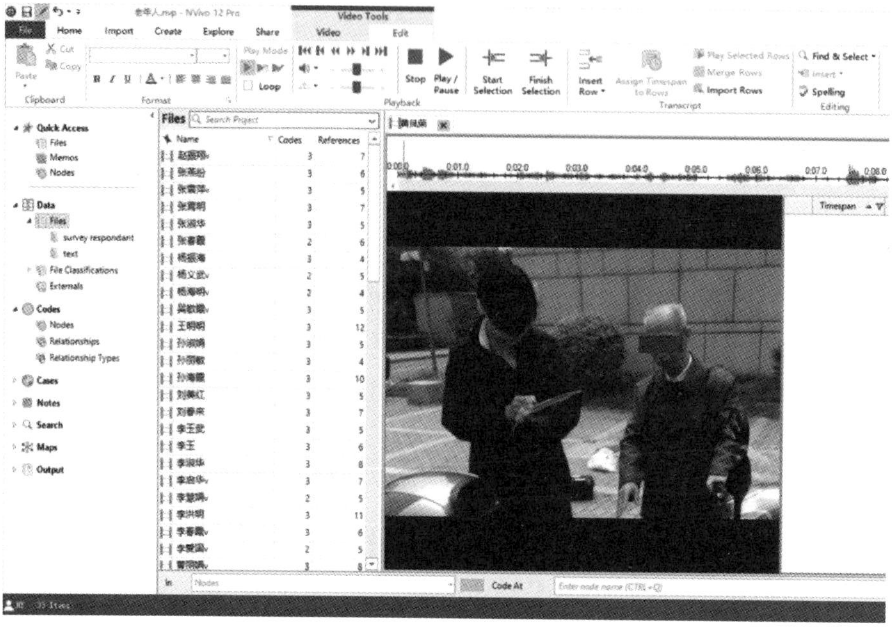

图 2-7　质性分析过程

表 2-3　用户口语报告分析

	正向评价	负向评价
1. 传统实体按键/旋钮交互	1.692	0.653
2. 触屏交互	1.735	1.352
3. 语音交互	0.995	1.099
4. 体感交互	0.569	1.694
Levene Statistic	2.107（p=0.103）	0.308（p=0.82）
F	7.329（p=0.000）	3.447（p=0.019）

Levene 统计结果显示，数据均满足方差齐性（$p>0.05$）。对四种交互方式的正、负评价分别进行单因素方差分析。可以发现，无论是正向评价还是负向评价，不同的交互方式对用户的评价结果都具有显著影响（$p<0.05$）。可进一步用 LSD 方法进行各组间的配对比较，结果略。从表 2-3

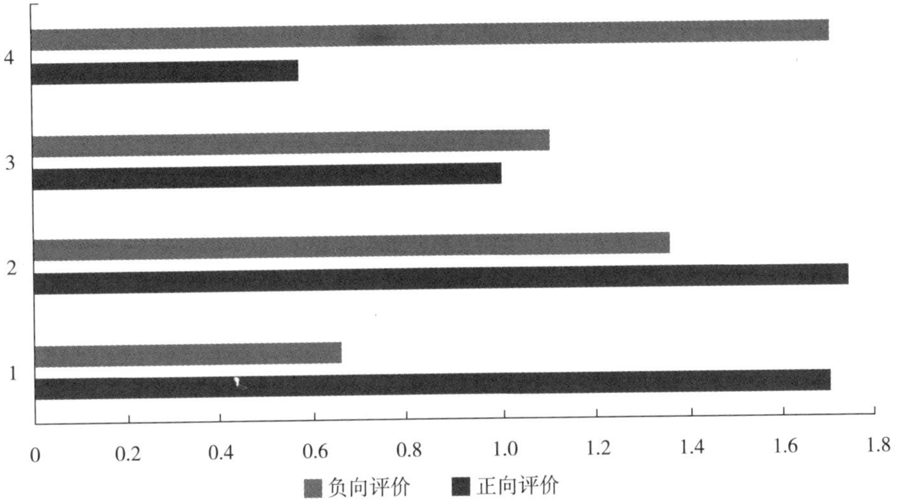

图 2-8　交互方式信任感用户语义评价结果

可见，传统实体按键/旋钮获得的负向评价最低，表明这种交互方式会让用户产生较高的信任度。虽然现在越来越多的车辆配置了中控主屏幕且多以触屏为主，但对于老年期用户，在信任感上仍然偏向于传统交互方式，这应该是长时间养成的习惯所带来的偏好。另外，新交互方式对硬件技术的高要求也可能会造成这一结果，当前的绝大多数中低端车载设备所搭载的语音与体感交互并不十分可靠，很容易令用户使用几次后产生挫败感。对于触屏交互，虽然受访者的正向评价最高，但负向评价同样很高，表现出了老年人对于这类交互方式两极分化的态度。从语料中可见，老年人是认可这种交互方式的，但如果自己可以做主，普遍不会选择这种交互。这也许是由于触屏交互缺乏物理反馈，交互成功与否都仰赖于视觉判断，而高龄用户的视觉能力会有所下降，由此导致舒适感和安全感均会下降，对老年人驾驶不利。

图 2-8 直观呈现了四种交互方式的正负向评价的特征。结果表明，老年驾驶人群体对体感交互的信任感最低，且负面评价均值最高（m=1.694）。这主要有两点原因：①体感交互技术推广时间尚短，在日常生活中还没有得到普遍性应用，人们无法形成有效的先验性认知模型，学习成

本相对较高，造成信任度较低；②老年人群体本身在很多方面疏离了从前的角色或退出了从前参与的活动，对新技术的掌握较为被动，在复杂型交互情境中，多感官并用的交互方式易令老年人产生消极感受，造成信任度降低。

质性分析结果同样支持了本结论。在自主感、胜任感、归属感这三个维度上，语料的正面或负面倾向可以得到明确区分。编码语料表明，用户在审视交互方式时，关注点主要包括任务的简易性、需要执行的操作数量、个人体验是否能够起作用、主观感受四个方面，如这些方面出现障碍，则用户的预期难以得到满足，使用意愿会下降，并继而产生对产品的不信任感。三个节点中，“胜任感”的参考点数量最多，为 82 个。其次为“自主感”的参考点，出现 77 次。参考点数量最少的节点为归属感，参考点共计 41 个。对于语音交互和体感交互，编码语料中负面倾向较多。受相关项目保密协议所限，本节中略去相关图表报告。

2.4　本书研究设计

在智能手机时代下，导航、通信等功能已经成为车内交互的必备要素，对于没有搭载此类功能的车辆，驾驶人往往需要外接手机，并用支架固定在面板上。而这对面板的界面交互水平与视觉引导效果又会造成一定影响。因此，根据 2.3 节的结论，决定使用实验法对“传统实体按键/旋钮+外接手机交互”（a 方式）和“车机触屏交互”（b 方式）进行研究。我们对两种交互方式下的驾驶任务进行控制，避免驾驶任务差异过大，以便重点分析二级任务中的信息识别与操作行为，反映交互方式对操作的影响。实验的设计遵循这样一个原则：基于运动精确性理论、定势行为理论和驾驶过程信息处理模型，以任务完成所需的时间为评价指标，分析每种交互方式下的各项任务，定义适老化交互方式。

本书需要明确并证实在行为层面上，合理性与不合理性都是什么，并通过数据分析，对实验结果进行解释。现有的这两种交互方式既存在其合理性，也存在其不合理性。本书的根本目的是发现现有问题，并予以解决。这样一方面可以解读现有交互方式的作用机理，另一方面也能让解决方案更容易为人所接受，有利于用户的学习。

基于现有交互方式展开实验，并依据实验结果提出设计参考依据，是因为符合人们经验的设计往往可以使用户在应用过程中避免很多问题。根据认知心理学理论，人通过知觉从外界获取信息，在记忆中进行储存，成为积累起来的知识，并可以在今后进行应用（王甦等，2006）。经验对于人的学习具有重要作用。产品操作过程中用户有其知觉特性，每一个具体的操作都包含知觉的过程，包含寻找—发现—分辨—识别—确认—搜索等环节，而经验是影响操作行为的重要方面（田蕴等，2013）。人在日常生活中所表现出来的行为有时会出现问题，这些问题往往是由心理模型与实际操作之间的关系不清楚所导致的（赵江洪，2007）。如果承载操作的产品是符合用户心理模型的、能够在用户心理和外部对象之间搭建起合适的桥梁产品，则用户会避免很多问题，而这对于老年人的车内交互具有重要意义。

行为是心理的表现，人的行为反映了人的心理状况（赵江洪，2007）。在工业设计中，人的行为是研究所关注的焦点，设计的展开总是取决于产品所支持的人的行为。人在做某一件事情时，所需要经历的步骤就是人的行为过程，可分为两个阶段：执行和评估（见图 2-9）（赵江洪，2007）。根据唐纳德·诺曼的观点，不符合用户心理模型的产品使用问题、在心理模型和外部现象之间所产生的矛盾，也可看作“执行”和“评估”之间的鸿沟。如行为对象是用户所熟悉的（如已经量产的车辆），则在行为的执行阶段更容易完成，在行为的评估阶段也能更稳定地进行。在执行阶段，通过动作作用于行为对象，因此从动作完成情况来评价行为过程能较为直观地评价某行为完成的好坏。

基于以上论述，本书的行为实验以两款现有车型作为实验工具，分析驾驶人的操作与信息识别任务。研究的目的是尽可能保留符合用户心理模型的元素，以用户既有的经验为基础，以此为前提定位问题。运动精确性理论告诉我们，动作完成的时间越长，精确水平越高，从这个角度出发，

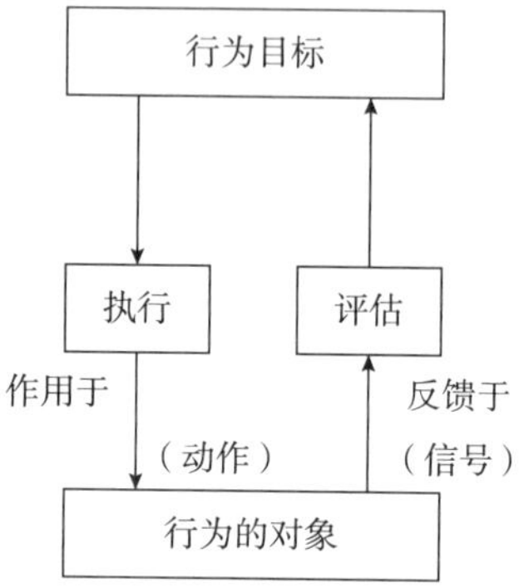

图 2-9　人的行为过程模型

一个交互的完成时间应该长一些，才能更少地出现误操作或操作失效。运动心理学研究也表明，反应时与动作的精确度有关（严进洪，2001）。但同时，也需要考虑到驾驶过程的信息处理中，"操作"只是整个流程的最后一个阶段，从心理资源匹配的角度来说，操作完成时间越短，越有利于驾驶人处理驾驶过程中的其他信息。相对矛盾的这两个理论，在设计中应该如何去遵循和参考，亟须通过实证研究来明确。因此，本实验提出研究假设：老年人在某种交互方式下的任务完成时间（task completion time）对车内人机界面的系统可用性、驾驶水平有显著影响。

如本假设成立，则需进一步分析该影响是正影响还是负影响、影响的大小是多少。即几个任务的完成时间的变化在多大程度上带来了系统可用性与车道保持水平的变化。明确了这一点，也就了解了某种交互方式对于老年驾驶人的意义，以此为依据，获得适老化交互方式。如果此方式能够为用户所接受，那么以此为依据所展开的汽车内饰设计应能具有更高的宜老性。

2.5　本章小结

本章以目前国内老年人常用的小型低速代步车的交互方式为起始，分析了该类产品的缺陷与优点，抛出本书要研究的重点问题。在此基础上，展开老年驾驶人与现有车内交互方式特性的研究。在这一部分中，分别从车内交互行为、驾驶人交通特性、老年人驾驶特性、老年人驾驶认知特点几个方面来阐释本书的理论基础，包括驾驶过程信息处理模型、运动（操作）精确性理论等。同时，基于典型产品特征，本章从信任度的角度分析了现有的四种主要交互方式的合理性，使用口语分析法面向老年用户进行了访谈。研究表明，老年用户对实体交互的信任度非常高，而触屏交互和语音交互虽然在用户信任度上有一定优势，但并不明显。对于体感交互，老年用户无法信任，也不愿使用。结合定性和定量研究结论，本章确定了需要进一步研究的两种交互方式，并提出研究假设和实验设计的原则。

3 老年人车内交互行为实验设计与数据采集

3.1 实验目的

针对预研究的两种交互方式，以两款中低端车型为实验车辆，实时采集任务完成时间、驾驶员心率等信息，以及驾驶员操作行为、车辆运行状况、交通道路环境的影像数据。由于在不同交互方式下，驾驶任务的操作基本相同，差异主要存在于二级任务中，且现有研究表明，与驾驶任务相比，二级任务更容易使驾驶员在驾驶过程中出现分心（distraction），产生操作失误（Feng et al.，2019），因此，本实验重点分析二级任务。为确保实验的内部效度，需要对两种交互方式下的驾驶任务进行控制，以暴露二级任务的信息识别与操作行为特征，反映交互方式的变化对老年驾驶人任务完成水平的影响。因此，本章选用同一车型的新旧两代产品（大众速腾2012与大众速腾2019），内饰布局基本相同，但中控区域的交互方式不同。

基于前文综述的理论，本章以“适老化交互方式”为切入点设计实验。实验针对白天行驶条件，目的是比较两部实验车辆所搭载的交互方式，找出合理交互方式，并分析该方式下各任务的完成时间。实验中采集了每一个被试的感知年龄（cognitive age）、心率、完成任务过程中的工作负荷（workload）、刹车次数和车道保持水平等数据，分析一定距离（约3

千米）内在一定速度下（30 千米每小时）行驶时，各指标的变化特征，对两种交互方式做出比较。对于适老化交互方式，会建立多元线性回归模型与 Logistic 回归模型，分析各任务完成时间对于系统交互水平的作用机理。30 千米每小时是我国城市道路上的低速（Li et al.，2017）。选定这个速度是因为二级任务往往会对驾驶安全造成隐患，一般不建议司机在驾驶过程中进行二级任务交互，如有需要，应在车辆行驶至安全地带时，将车速降至低速，再进行交互。且人在步入老年期后，会偏向于采用低速驾驶（赵晓华等，2013）。而车辆速度、驾驶环境、天气、道路、导视信息等外在影响因素均为实验的控制要素。

依据研究目标，实验中设计的行驶路线包括直线、大半径转弯和“S”形道路等典型路段。选取初老期至老年期驾驶员 60 名，其中男性 38 人、女性 22 人，在户外交通环境中进行实车实验。利用 16 通道生物电放大器记录驾驶员生理参数（心电信号），用任务完成时间、心率、刹车次数、车道保持水平等指标来反映驾驶员的操作行为信息和车辆行驶绩效，同时，采用两部车载影像摄录设备采集实验道路环境信息。

由于被试为初老期或老年期人士，年龄较大，因此实验的安全性尤为重要。但为减少主试对被试的干扰，又要尽可能避免研究人员在实验过程中的干预。考虑到以上因素，笔者对实验进行了一些限定：

（1）实验正式开始之前，会对被试进行实验前培训，使被试明确以下几点信息：①实验流程；②实验中需要采集的数据；③两台实验车辆的正确操作方式；④行驶路线。实验开始前，要求被试在一段长约 500 米的路上进行适应练习，在被试反馈良好、能够完成实验任务、能够规范驾驶之后，实验才会正式开始。要求被试参照研究人员的指示，遵循自身经验和行为习惯完成实验要求的任务。

（2）实验的整个过程都会被拍摄和记录，包括驾驶员心电数据和影像、照片等，被试需要同意研究者在研究中使用这些资料。

（3）实验中所使用的仪器和设备在每次实验前都要进行检查，确保不会带有任何危险；实验车辆由专业老师进行维护，且实验开始前和实验进行中研究人员会实时监督，确保车辆不会发生事故；同时做好意外情况的预防，准备心脏病急救药、医用纱布和胶带等，保证实验的安全性和可靠性。

3.2 车型与被试选择

两款实验车辆中，大众速腾 2012（以下简称实验车 A）为纯粹的“实体交互方式+外接设备”（手机），车内没有导航装置，需要驾驶员使用手机进行导航；空调为按钮+旋钮控制，需要按下自动（AUTO）按钮，然后转动温度控制旋钮，设定所需温度；手机固定在支架上，如需使用手机，需要从支架上取下、拿在手中，此时会给驾驶操作带来不便；收音机位于中控台的中间位置，使用按钮开机、使用旋钮进行频道选择操作；后视镜为传统后视镜；仪表为传统机械仪表。

大众速腾 2019（以下简称实验车 B）为触屏为主的交互方式，用手机与中控屏幕建立车—机互联后，可以通过百度 Carlife 实现一定的语音交互。中控屏幕涵盖了导航、收音机；通过 Carlife，可以使用语音打开导航并输入目的地、收听音乐、接打电话等，也可以通过手机投屏，在车机触屏上使用微信，掉线问题、网络问题需要研究人员预先调试、解决好；车内安装了智能后视镜，带有行车记录仪、测速预警、蓝牙电话、倒车后视等常规功能；空调的操控界面为全触控面板，通过手指的滑动调节温度；仪表为液晶显示电子仪表，在实验开始前，会将氛围灯与仪表盘颜色统一设置为橙色，以避免视觉感知上的差异影响实验结果。

两款车型能够很好地代表两种交互方式（见表 3-1）。基于这两部车辆进行驾驶实验，可以采集到两种交互方式的相关数据。

表 3-1 两部实验车辆下的典型二级任务与交互对象

车型	导航操作	微信使用	仪表识读	调节广播	调节空调	接打电话
实验车 A	手机	手机	传统机械仪表	按钮+旋钮	按钮+旋钮	手机
实验车 B	触屏	触屏	液晶电子仪表	触屏	触摸板	触屏

60 名被试通过“招募”“排查”“确认”三个阶段来确定。首先，根据研究需求，委托相关人员，在沈阳农业大学周边与毗邻大学的老年公寓进行被试招募。找到的老年人多为高校教师的家属、退休教师、技术人员等，知识水平较高，且与校园内科研实践工作接触较多，能更好地理解实验需求。招募要求如下：

（1）身体健康。

（2）具有驾驶经验，且驾照在有效期内。

（3）对年龄无严格要求，但一定要在 55~79 周岁（详见第 1 章 1.3.3 部分）。

（4）被试需同意研究者在不公布其个人信息的前提下，使用其各项信息，包括图像、视频等数据，在之后的研究和出版中可以进行刊载。

在志愿者应招报名之后，根据研究需求对志愿者进行排查。本实验希望除行为差异性之外，将影响交互水平的其他个人能力均控制在同一水平上。因此会把被试的认知功能、日常生活自理能力作为控制变量。基于此原则，笔者以 SPMSQ 量表中的“认知功能评估”模块对应募者的认知功能进行评测。SPMSQ 量表最大的优势是简单、易于实施，且具有较好的信度和效度（郭晋武，1998；Pfeiffer，1975），美国国家老年研究所进行的老年人群定点研究中也使用了这一量表（郭晋武，1998）。本实验相对复杂，需要被试完成的项目比较多，因此采用评测时间较短的 SPMSQ 量表来采集被试的认知水平。问卷在参考中国台湾地区引进版的基础上，根据大陆用语习惯对其进行了整理（见附录 B）。答错一项会累计 1 分，总分为 10 分。研究显示，0~2 分为正常水平；3~4 分为轻度认知障碍；5~7 分为中度认知障碍；8~10 分为严重认知障碍（郭晋武，1998；Pfeiffer，1975）。在最终确定下来的被试中，除两人为 2 分、19 人为 1 分外，其余 39 名被试均为 0 分（没有认知功能障碍）。因此，全部被试的认知功能均为正常水平。

同时，以工具性日常生活自理能力量表（IADL 量表）评测应募者的日常生活自理能力。IADL 量表由 Lawton 和 Brod 于 1969 年提出，量表中的测度项表示老年人在社区中独立生活所需要的关键性的、较为高级的技能

（王憓，2012）。如 IADL 能力丧失，则意味着老年人的社会参与功能丧失，需要他人的帮助才能生活（龙敏，2013）。这种情况的老年人并不适合自驾出行，这容易对自己、对他人、对整个道路交通系统都造成一定危险。因此，本章对应募被试进行了 IADL 评测。本量表（见附录 C）从上街采购的能力、出行活动的能力、做饭的能力、进行家务劳动的能力、洗衣服的能力、接打电话及查找号码的能力、吃药的能力、家庭理财的能力八个方面测量了应募者是否具有良好的自理水平。在排查过程中，IADL 测量的全部测度项均为“全部自理”水平且认知功能良好的应募者，才会被最终确定为实验的被试。确定被试后对其年龄进行统计，男性集中于 55~65 岁，女性集中于 55~60 岁。被试年龄基本处于初老期（45~59 岁）后段、老年期（60~79 岁）前段。60 名被试中，年龄最小者为 55 岁（3 人），年龄最大者为 73 岁（1 人）。

这样决定下来的被试样本，虽然日历年龄差异较大，但行为水平应该不会特别离散，数据具有较强的代表性。被试同意参与实验后，需要签署《参与者知情承诺书》（见附录 D），以了解实验内容和实验须知。本章采用重复测量实验设计，即分析所需的两组数据从同一组个体中采集而得（Gravetter，2008）。在行为研究中，重复测量实验往往能取得更好的效果。以交互方式的不同为处理条件，使用完全相同的个体来进行实验，可以避免结果偏误的风险，即由于不同交互方式下的两组被试具有显著性不同（如不同个体的反应能力、健康水平、性格等差异），使研究结果无法客观反映出行为上的特征。

每个被试的测试时间约为 30 分钟（包括实验前填写个人基本信息问卷和实验后填写系统可用性量表、NASA-TLX 量表的时间与预实验的时间），总测试时间为 30 小时。为保证实验的内部效度，需要全部被试在相同的天气、环境中进行实验。当出现阴天、严重雾霾、强风天气时，实验会取消，以避免环境因素对被试的视觉、心理造成的影响导致数据代表性降低。

3.3　实验设备

整个实验系统分为四个模块（见表 3-2），分别为驾驶员生理心理状态采集模块（16 通道生物电放大器）、操作行为采集模块（GoPro 摄像机）、车辆行驶状态采集模块（Casio EXILIM 数码相机），以及车外环境采集模块（行车记录仪）。在本书第 5 章的研究中，还会使用德国 SMI 头戴式眼动仪采集被试的眼动特征，在后文会进行讨论。

表 3-2　实验设备与分析软件

	驾驶员生理心理状态采集	操作行为采集	车辆行驶状态采集	车外环境采集
名称	16 通道生物电放大器	GoPro Hero4 运动摄像机	Casio EXILIM 数码相机	行车记录仪
功能	实时记录心率、心率变异性	高清记录操作行为	记录摆动、循迹、车道保持情况	补充拍摄，记录道路环境信息
分析软件	MATLAB R2016a	Premiere	Premiere	Premiere

本实验所使用的 16 通道生物电放大器，数据采样率为 1000Hz，用于生物电信号的采集、放大与数字化存储、分析。使用 MATLAB R2016a 软件进行分析，可得到实验时间、总心跳次数、任意时段的平均心率及任意时段的心电图（见图 3-1）。对于被试紧张程度、疲劳程度的分析，可以使用相应时段的心率数据。心电波形图可以起到辅助作用，展现心电信号的变化情况。

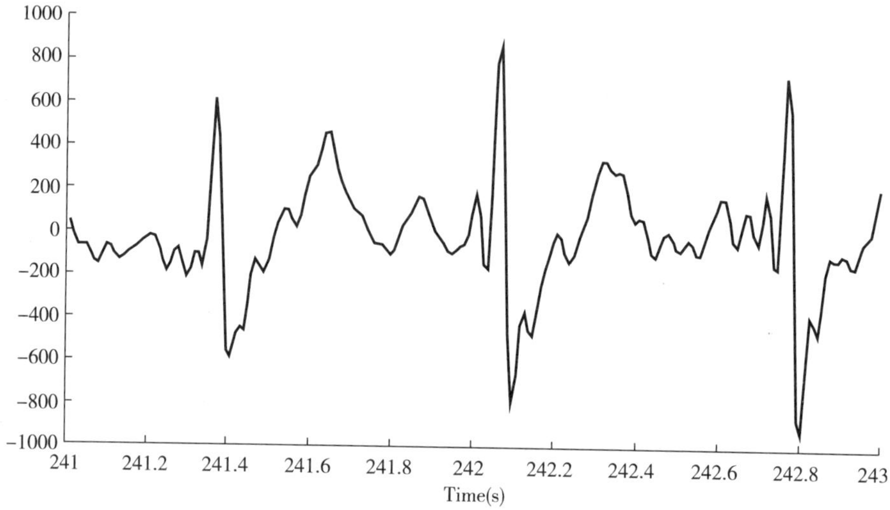

图 3-1　某次实验中被试完成切换广播频道任务时的心电波形

3.4　数据采集

3.4.1　实验设计

本章重点分析两种交互方式下，二级任务中各典型操作的特征。根据现有研究（Li C. G. et al.，2018；Feng X. X. et al.，2019），确定二级任务五种（使用导航、识读仪表面板所显示的辅助信息、切换广播频道、调整空调温度、接打电话）。考虑到当前我国居民对社交类 App 微信的高度依赖性（Gong X. Y. et al.，2018），本书在前述五种二级任务基础上，再添加一项“微信使用”，任务中要求被试在当前交互方式下，打开微信，进入与研究人员的聊天窗口中，并点击语音输入按钮。完成实验任务后，指导 60 名被试填写 NASA-TLX 量表反映实验任务的工作负荷。

实验场地选在沈阳农业大学附近。实验道路所在地区为新修建不久的河畔住宅开发区北侧，附近的入住居民很少，平日活动人员以附近学校的学生为主，由于实验开展时间为暑假期间，场地中基本不会有行人进入。道路平坦，没有明显凸起和凹陷，能够避免道路环境对驾驶过程的影响。实验路线上每 300 米会安排一位研究团队的成员在现场监督和辅助，以避免意外状况出现，影响被试完成实验任务。实验路线主要由三部分组成：直线、大半径转弯和“S”形路线。被试会被要求在实验路线上驾驶实验车 A，行驶过程中被试需要逐项完成六个二级任务。研究表明，在弯道、交叉路口等复杂路段，驾驶员会尽量避免二级任务，并会产生补偿性行为（王昕怡等，2015；周荣刚，2014；Zhou R. G. et al.，2012；Young K. L. et al.，2012），因此，除接打电话在大半径转弯和“S”形路线上完成之外，其他二级任务均在直线路段驾驶中完成。具体任务如表 3-3 所示。

表 3-3　路线与任务安排

路线类型	任务描述
直线路段	任务 1：开启导航。输入目的地（由研究人员指定），各被试需要输入的文字内容一致。一边驾驶一边收听导航语音提示
	任务 2：打开微信，进入与研究人员的聊天窗口中，点击语音输入按钮。开始录音即可，不必输入内容
	任务 3：观察仪表，并说出当前油箱余量
	任务 4：切换广播频道
	任务 5：打开空调并将温度调整到 22°
弯道	任务 6：接听一个电话，电话由实验人员打入，各被试接收到的语音内容一致，包括午餐内容、下午天气、工作内容三个问题

实验完成后，要求被试完成系统可用性量表（System Usability Scale，SUS）、NASA-TLX 量表的填写，并对仪表信息显示的方式（机械仪表/电子仪表）、开启导航的方式（手机/触屏）、开启微信的方式（手机/触屏）、切换广播频道的方式（实体按键+旋钮/触屏）、调整空调温度的方式

（实体按键+旋钮/触屏）的喜好度进行 1~7 打分（1 为非常不喜欢，7 为非常喜欢）。之后，被试需要在实验路线上驾驶实验车 B，并重复以上任务。

3.4.2 任务完成时间

运动心理学研究表明，反应时与动作的精确度有关（严进洪，2001）。对于车内交互行为，反应时指驾驶人从感觉器官接受刺激信号到做出反应的时距（赵晓华等，2013）。但采集反应时存在一定的问题。从概念上来说，反应时间是驾驶人感知信号，经过一系列的辨认、判断、采取动作并使动作发生效果所需要的时间（赵晓华等，2013）。但人对外界信息的辨认和选择会受到道路、环境、驾驶熟练程度等一系列因素的影响，变化存在较高的随机性，而在交互的层面上，使动作发生效果的时间也跟车辆硬件与车载电脑中软件的特性有关，无法完全由驾驶人所掌控。这对于本章的研究来说意义十分有限。举例而言，同样的一个打方向盘操作，在不同的车辆上发生效果的时间也是不同的，但这种不同未必是由操作行为造成的，而是由方向盘差异性、驾驶员适应性等因素造成。因此，本章的研究选择采集能直接体现人—车关系的任务完成时间（task completion time），而不去关注操作发生前的接收信号、辨认、判断的时间和操作发生后的动作发生效果的时间。休斯敦大学严进洪（2001）对动作速度进行了研究，并分析了动作从开始到结束所需时间与动作复杂性之间的关系。另外，研究表明，造成驾驶失误的可能原因有：信息复杂性提高时反应时间过长（张殿业等，2001）、不能控制动作速度（Zhang et al.，1996）等。以上研究都说明了任务完成时间的价值。因此，本章重点分析任务完成时间，关注动作与信息识别的速度，因为这两者会对操作的准确度有所影响。

本章采用两部数码摄像机实时同步记录驾驶人交互行为和车道保持情况等信息。在实验开始前，笔者将用于采集交互行为影像的 GoPro 相机的拍摄设置设定为每秒 60fps，即每秒钟可以采集多达 60 个影像。获得任务完成时间的方法是：通过 premiere 软件对行为影像进行逐帧观察，找出每一个交互行为的起始帧与完结帧，计算每一次动作与信息识别过程的帧数，并转化为秒数，精确到小数点后第二位。考虑到动作序列会带来熟练性差异，实验过程中不允许同一操作多次发生。即本实验所采集的任务完成时间，均为被试第一次发生的某任务的完成时间。

本实验的主要测量指标为驾驶人的任务完成时间，因此只关注动作的完成过程。在动作起始帧与完结帧的定义上，综合考虑驾驶员的眼、臂、手指的动作进行定义。

各任务关键帧的定义如下：

（1）使用导航：从开启导航功能的点击动作发生帧开始，到“现在开始导航”语音出现前一帧为止。

（2）使用微信：从打开微信的点击动作发生帧开始，到触发语音输入的点击动作发生帧为止。

（3）识读仪表油量信息：从头部动作起始帧开始，到口语报告结束帧为止。

（4）切换广播频道：从手臂动作起始帧开始，到切换广播频道动作结束帧为止。

（5）调整空调：从手臂动作起始帧开始，到完成温度调节动作结束帧位置。

（6）接打电话：来电铃音响起后，从被试的头或手臂开始动作的第一帧起，到电话被接通的一帧为止。

在测试过程中，由于行驶速度属于控制因素，所以被试不需要进行换挡操作。挡位由研究人员在实验开始之前设置好。

3.4.3 心率采集

为不影响被试的驾驶操作，在实验中研究人员将生物电放大器和与之关联的笔记本电脑一起装进电脑包内，被试以双肩背负此包，进行驾驶实验。两部体积较大的设备均固定在背后，以免被试感到行为受阻。电极线从背包伸出，通过皮肤电导电膏和医用胶带固定在两腕上，也不会给被试带来妨碍。通过严格控制，确保所采心率数据不会产生过大误差。但由于被试处于运动中，与静止测量相比，噪声水平必然较高，需要进行滤波处理。本章使用 MATLAB R2016a 的 *filter*（）函数对心电信号滤波后进行分析，编写脚本，以获取任意时间段的心率与心电波形图。心电信号的记录与行为影像视频录制同步，通过对比视频中的时间进程，可以知道每一个行为发生的时间。

实验的任务之一为，应对随机发生的突发情况。被试会被要求在发觉后立刻做出反应，并刹车。研究者会预先告知被试：路边的工作人员有可能会突然举起并挥舞一面红旗，但该情况可能会发生，也可能不发生，需要对道路两侧保持警觉。在实验接近尾声、被试的交互行为出现放松的时候，工作人员举起旗子，以记录被试在两种交互方式下，面临突发情况时心电信号的变化情况。

3.4.4 系统可用性与工作负荷

本章采集感性评价，以 SUS 量表对两种交互方式的系统可用性进行量化。研究表明，SUS 量表评估车内人机交互界面效果较佳（Yang H. et al., 2017; Li R. et al., 2017），且大样本研究得出 SUS 量表的信度系数为 0.91，内部一致性优秀，较为可靠（Lewis R. J., 2006; Zviran M. et al., 2006）。当被试完成一系列任务后，就可以快速对 SUS 量表的题项进行打分。计算出两种交互方式的 SUS 得分后，可通过 T 检验判断两组得分间是否具有显著性差异。

对于交互任务工作负荷的采集，使用 NASA-TLX 量表来完成。现有研究表明，NASA-TLX 量表在工作负荷的主观评估研究中是一个有效的工具（Akyeampong J. et al., 2014）。基于六个测度项的得分，此量表可以测出某个任务的总工作负荷得分，反映出任务的难度。在本书第 4 章中，会对本量表的应用做出详细分析与说明。

3.4.5 车道保持水平

在驾驶过程中，经常需要进行并道、换道、超车操作。这三项驾驶行为的完成与驾驶员的车道保持水平有很大关系。无法有效保持车道，易造成并道和换道操作时出现意外。车道保持水平与驾驶员的道路认知能力有关。驾驶员是否能遵循规定路径行驶而不偏离、偏离之后在多快的时间里得以回复正常路径，这些都是认知能力的表现和反映。因此，该水平会受到车内交互行为的影响，特别是二级任务中，接打电话、使用社交 App 输入语音、控制收音机等交互会造成车道保持水平发生变化。

在不同的交互方式下，驾驶员执行二级任务时的车道保持能力可能会有差异，但差异不会很大，这正是由于驾驶员的认知能力具有恒常性，不会因为改变了交互方式就产生巨大提高或恶化。刘伟等（2015）通过分析车道偏移次数、初始换道距离等指标，对驾驶人非正常驾驶时的状态进行了研究，结果表明，基本任务组、简单任务组、复杂任务组的车道偏移次数均值有差异（基本任务组均值为 0. 25 次，简单任务组均值为 0. 5 次，复杂任务组均值为 1. 25 次），复杂任务组车道偏移次数明显高于基本任务组和简单任务组，这些指标能够用来分析驾驶人的失误频率与反应速度等驾驶特性。在本章中，将实验过程中偏移车道 2 次及以上的个体归为“无法有效保持车道”，记录为 0；将实验过程中偏移车道 0～1 次的个体归为“可以有效保持车道”，记录为 1。在本书第 5 章中，会构建二分类 Logistic 回归方程，分析交互行为对车道保持水平的影响机制。

3. 4. 6 工效绩效

测试过程中被试在不同交互方式下的工效绩效主要通过视频来记录。评估因素主要有操作成功次数、操作干扰次数、操作无响应次数及操作错误次数。对于操作工效绩效的测试，对被试没有特别说明，以确保在自然状态下对被试的操作进行记录。该数据为辅助数据，可以用作质性分析的依据，在定量研究的结果难以解释时，可以作为观察材料，为现象的解释提供支撑。

3.5 实验测量项目的信度与效度

信度即可信程度，是指测量方法的质量，即当应用同样的测量方法对同一个事件进行多次测量时，是否可以获得一致的结果（巴比，2009）。效度即有效程度，在实证研究中，效度考量的是测量方法能在多大程度上反映出某事件的真实内涵（巴比，2009）。对于一个实验来说，在保证实验设计合理性的基础上，还需进一步明确实验的信度和效度，用以评价实验的质量。

3.5.1 交互方式喜好度的内部一致性信度

信度是指测量是否具有一致性的结果，只有具有稳定性的测量，其结果才是可靠的。内部一致性信度是最常用的信度测量方法之一，常用于评价量表。在本章中，采集了六种二级任务（导航、微信、仪表、广播、空调、电话）信息交互方式的用户喜好度，六个测度项是否具有足够的稳定性，是否能够产生指向性一致的结果，需要进行评估。内部一致性信度通常情况下等价于克隆巴赫 α 系数（Cronbach's α）（刘超，2008）。因此，这里使用克隆巴赫 α 系数来检验研究的内部一致性水平，即在每一种交互方式下，用户对六个任务的喜好度是否具有同质性。反之，则说明几个测量不能表达同一个问题或本质，需要考虑替换测量项目。

克隆巴赫 α 系数是一种经常被心理学、行为学与教育学使用的评估测量可靠性的方法，依照成熟的公式来计算某一测量的内部一致性水平，是目前社会科学研究中最经常被用到的信度评价指标之一。克隆巴赫 α 系数越大，说明该测量的结果越具有一致性、稳定性与可靠性。但其大小与量表测度项的数目有关，如果量表的条目较少，克隆巴赫 α 系数会随之降低。根据美国统计学家 Joseph（1995）的观点，题项数目小于 6 个时，克

隆巴赫 α 系数大于 0.6 即表明数据是可靠的（刘超，2008）。克隆巴赫 α 系数的计算公式为：

$$\alpha = \left(\frac{k}{k-1}\right)\left(\frac{\sigma^2 - \sum \sigma_i^2}{\sigma^2}\right) \quad (3-1)$$

式中，α 为信度系数，k（k=1，2，…，6）为测量变量数，σ_i为每个测量中各被试数据的方差（每一项任务下各被试的喜好度得分的方差），σ 为所有被试总数据的方差。根据式（3-1）进行计算，得到实验车 A 的交互方式下，$\alpha_1 = 0.6241$；实验车 B 的交互方式下，$\alpha_2 = 0.6099$。均大于 0.6。可以认为在两种交互方式下，被试对六项典型二级任务的喜好度比较稳定、可靠，测量的内部一致性信度较高。

3.5.2 效度

3.5.2.1 内部效度

在评价一个实验的时候，效度指实验能达到研究目的的程度，主要由内部效度和外部效度组成。内部效度考量的是因变量和自变量之间存在的因果关系，因果关系强，则说明因变量的变化在更大程度上是由自变量引起的，内部效度就高。如果自变量和因变量之间并没有呈现出一定的因果关系，则说明实验存在问题，内部效度低。要保证实验的内部效度，就需要做好实验控制，避免研究问题之外的因素影响实验对象。如本章前文所述，在实验设计环节，车速、环境、天气、道路、导视信息、行人、仪器安放位置、被试认知水平等因素均作为控制变量，由研究者进行了有效控制。自变量和因变量的因果关系强度会在第 4 章与第 5 章中进行讨论。其他的影响内部效度的因素主要有两点：

（1）主试—被试间的相互作用。为了避免实验过程中主试和被试之间的相互作用导致实验受到干扰，在实验正式开始之前会进行预实验。预实验的目的一方面是帮助被试明确实验要求、熟悉实验流程、掌握实验任务；另一方面是提前解决被试可能会遇到的问题，并说明遇到问题时被试可自行采取的解决方法。预实验阶段会告知被试两个信息：①正式实验开始之后，主试不会参与实验过程，完全由被试自己完成实验任务，如果遇到问题，不能和主试交流，可按照预实验的指导自行决断；②请不要就实验目的、研究方法等问题提问，主试不会予以回答。通过这种方式，减少指导用语对被试的引导作用，以此提高内部效度。

（2）实验分组的作用。实验采用“重复测量”，即两种交互方式下，均采用同样一组包含60名被试的样本，即实验的两组数据是从同一组个体中获取的。这样既可以避免一个实验组中的被试与另一组被试具有显著不同的风险（Gravetter，2008），也可以避免被试的一些固有的和习得的差异（如性别、年龄、经验、个性等）对研究造成影响。通过这种方式，两个样本在统计上是相当的，可以在一定程度上提高内部效度。

3.5.2.2 外部效度

外部效度衡量了实验结果能够在多大程度上推广到总体和同类的现象。外部效度的好坏与被试的选择、实验环境都有关系。本实验选择在户外进行。心理学文献表明，当人认为自己处在被观察的地位时，行为会表现出跟平时很大的不同，即“非反应性测量”（欧阳虹，2009）。实验室的密闭空间、实验仪器很容易影响用户的心理，导致其偏离本该表现出来的“典型行为”，刻意地去迎合实验目的。另外，实验是在严格的控制之下进行的，被控制的路线、被控制的交通工具、被控制的驾驶任务都会导致被试的行为受到影响。研究表明，可以通过提高实验情境与现实情境的相似性来避免这些因素的影响（王凡，2008）。Tunnel（1977）提出了自然性（naturalness）的三个维度：自然的行为、自然的情境和自然的处理。本实验所选环境为户外真实行车环境，佩戴的设备均放置于背包内，由被试以舒适、自然的方式背负于身后，接近日常生活。

主试坐于后排座位，且不会与被试有不必要的交流，一方面提高了内部效度，另一方面可以在很大程度上防止被试认为自己正在被观察。与实验室实验（如驾驶模拟器）相比，户外实验与日常生活更为接近，被试更容易投入实验任务中，表现出自然现象和日常行为，以此来提高外部效度。

另外，研究表明，被试参与实验的动机和预期也会导致实验结果与实际结果不符。很多被试在实验中会希望表现出“更好的自己”，这一预期会导致被试以不自然的态度进行实验。不少被试在预实验中刻意地面露微笑、昂首挺胸，这些都会对实验结果造成影响。在实验前，主试会指导被试以最自然的方式进行驾驶，提高外部效度。

3.5.2.3 问题与总结

内部效度越高，就越能证明实验结果是由实验中所做的处理所产生，避免了干扰；外部效度越高，实验结果就越容易推广到总体。但实验的内部效度和外部效度是存在联系并相互作用的，想要获得更好的内部效度，就需要严格控制额外变量，但这就会导致实验带有过度的人为性，降低了外部效度。同样，外部效度的优化也会在一定程度上带来内部效度的降低。如本实验选择户外实验，虽然努力控制了道路、环境、风强度、行人、导视信息等外部影响因素，但与室内实验相比，还是会增加很多额外变量，导致数据在一定程度上出现不稳定性。提高了外部效度，但也造成了潜在的因果关系模糊化。在研究中倾向于哪一种效度，需要研究者根据实验目的和要求进行选择。本实验要探索的是交互方式的合理性问题，且研究是为产品设计服务的，实验结果应能直接运用于车辆内饰、操作器造型、界面布局等设计中，需要明确用户在真实环境中的真实反应和行为，因此外部效度更为重要，故实验选择在户外真实行驶环境中完成。在实验中，笔者尽可能控制了额外变量，在确保外部效度的同时提高其内部效度。

3.6 本章小结

本章重点为实验设计，内容包括实验目的、实验车型与被试选择、实验路线、实验设备等方面。第 2 章研究梳理得出了两种更为老年人所认可的交互方式，并提出了研究假设与实验设计的原则。为明确这两种交互方式的合理性与其作用机理，本章基于研究需求设计了实验，力求通过严谨的实验设计来保证研究的合理性和数据的可靠性。本章同样论述了采集数据的方法与待研究的问题，并从内部一致性信度、内部效度、外部效度几个方面分析了实验的信效度。通过这种方式开展的实验，控制效果比较好，数据比较稳定。

4 老年驾驶人的行为特征分析

本章详细剖析了与老年人车内交互有关的行为特征，包括两种交互方式下的工作负荷、任务完成时间、心率等。本章也讨论了年龄与行为的关系。但在分析之前，需要明确推断性统计方法对于设计的意义，以及与设计师的洞察和思考、观察和访谈相比，该类方法的优势与特点是什么。因此，本章首先从设计研究的本质出发，分析设计研究、社会科学研究的相通点和相异点；其次针对本阶段研究的目标，提出可行性研究方法与策略。产品设计从业人员往往对推断性统计方法接触较少，为便于本书的目标读者理解研究方法，本章也论述了假设检验的基本逻辑及其在设计研究中的应用。

4.1 引言：设计研究的本质

设计与艺术、科学在很多方面都具有相似点。设计所必需的创造力与艺术活动相同，都需要研究者自身具有敏锐的感觉。同时，设计也在研究人类、研究人类活动，具有科学性。在活动中所隐含的逻辑性、规律性和普遍性既是设计的机会点，也是每一位设计师和设计理论研究者的宝贵资料。发现这些逻辑性、规律性和普遍性是设计研究核心价值的体现。

除了设计学科，还有很多学科也在研究人类活动和人类行为，如工效学、行为学和心理学。设计研究者在研究过程中，经常会产生一种反思：这样去进行设计研究，得到的结果是否能够切实对设计产生作用？这种反思，其实回归到了设计的本质问题。设计到底是在从事何种任务，在学术界和生产实践领域有众多不同的声音。马克·迪亚尼认为，社会中的每一个人，只要他的行动的用意是改变形状和状态以使之变得更具美好品质，那么这份行动就是设计性的（舒湘鄂，2013）。在为设计服务的研究中，研究者需要思考的是如何让我们的研究可以为设计所用、如何让我们的研究可以实现形状和状态的合理改变，能实现这种目的的研究，就是设计性的研究。

在设计者与用户之间建立新的对话关系是设计理论的根本（舒湘鄂，2013）。车内交互方式研究就是对人—车对话关系的探讨，是构建汽车内饰设计理论的关键环节之一。而这种研究往往离不开人文社会科学和自然科学领域中常用的一些方法和工具，如控制实验与抽样方法、数学建模与统计分析等。科学的分类非常多，但大致上可以分为三类（管倖生，2007）：①物理科学；②生物科学；③社会及行为科学。物理科学与生物科学研究的都是自然的现象，可以称为自然科学。而社会及行为科学包含心理学、人类学、社会学等学科，可以看到，设计学相关研究可以看作社会科学研究的一种（管倖生，2007）。自然科学和社会科学之间有着本质性的区别（谢宇，2012）：自然科学的目的是发现自然中所存在的具体或抽象的真理，这种真理往往是永恒的、普遍的、抽象的。而社会科学的本质目标则是理解那些暂时的、特定的、具体的社会现象。设计学是多学科交叉的一个领域，从研究对象来看，往往是在理解了社会现象的基础上，发现问题、分析问题并提出解决方案。研究的问题既有可能是普遍性的，也有可能是针对特殊人群所做的特定分析。设计学所研究的议题，大多与社会中所发生的种种现象及问题有关，而这些现象及问题又经常涉及人的行为及行为所产生的结果。从这个角度来看，从社会科学和自然科学两方面汲取营养，筛选并应用合适的研究方法，是设计研究的必备一环。

4.2 用户研究中的定性研究与定量研究方法概述

用户研究是用户为中心的设计（User-centered Design，UCD）流程中的第一步。调研法、思辨法、观察法、个人体验法、直觉法、内省法（自我观察法）、实验法，这些都是很好的寻求结论的方法，在用户研究领域得到了广泛的应用。多年的研究成果也显示，只要应用得当，这些方法都是可靠的方法，能够得到有效的结论。工业设计与交互设计面向用户的使用，因此，对用户的分析和理解在设计中发挥着重要的作用。用户研究不单纯是设计前期的调研工作，而是可以在设计过程的各个环节发挥其作用。雅各布·尼尔森（Jakob Nielsen，2004）曾经提出，用户研究范畴下的研究方法可以划分为三个维度——“态度与行为”维度、“定性与定量”维度、“产品的使用背景”维度，并建立了一个三维坐标系来分析和界定产品设计开发过程中的各种研究方法（见图 4-1）。

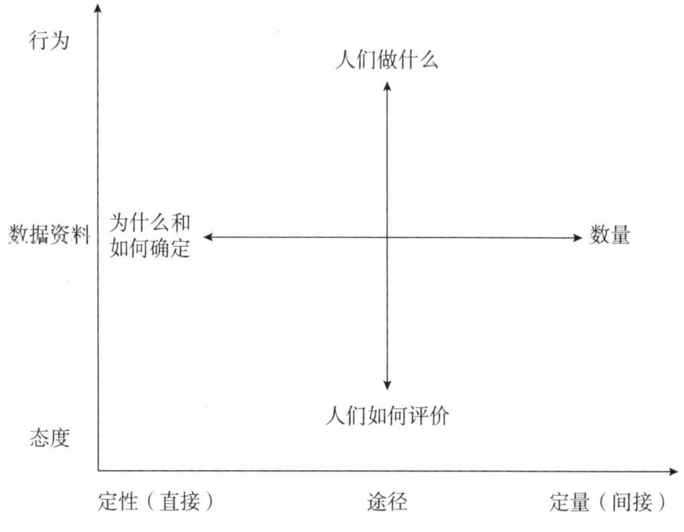

图 4-1 用户研究方法的维度

对于适老化交互方式这样一个议题，为了更好地描述、了解和捕捉到研究对象（老年驾驶人群体）的变异性，笔者用控制实验作为主要研究方法，以获得能够体现这种变异性的定量资料。同时，在选择量表、设计实验项目的过程中，又少不了定性研究，体现之一就是，在对定量研究的结果的解释上，需要通过观察法来发现问题背后的原因。在定性分析中，研究者可以直接观察用户的行为，但资料的准确性在很大程度上依赖于研究者个人的知识和洞察力。与之相对，定量研究的准确性往往来源于精确的数学分析。定性研究方法更适合回答关于“为什么”或者“如何解决”的问题；而定量研究方法更适合用于解答“有多少”的问题（胡飞，2010）。定量分析与定性分析相辅相成，两者各具优势又互为补充。定性分析从理性认识的角度对产品的设计原则及规律进行诠释，对产品设计具有指导性意义。相应地，定量分析则往往用于验证设计人员是否准确把握了用户的行为特征与产品的设计规律，是透视问题、探索规律的过程。定量分析可以说是定性分析的基础，定性分析则可看作定量分析的原则，两者缺一不可。

定量研究主要包括三种范畴的研究方法：资料收集、资料分析和建立模型（刘霞，2007）。每一个范畴内都有很多方法可以遵循，以适合各种类型的定量资料。

资料收集既是用户研究中最常涉及的工作，也是最基本的要求。资料的代表性、精确性和时效性对设计定位的结果具有重要影响，相应的方法就包括研究对象的选择方法、问询方法、观察方法。其中，研究对象的选择方法包括普通调查、抽样、典型个案调查等。在本书中，对用户的调查主要从两个方面展开：一是用户对目标市场常见交互方式的选择，二是用户对设计建议的评价。由于研究目标不同，两个研究对被调查对象的选择方法也不尽相同。

资料分析和建立模型的方法多为基于统计学的一些方法。这就涉及了描述性统计方法和推断性统计方法。在用户研究中，需要区分“预测”和“了解”这两个目标。也就是说，作为研究者，在对某一议题进行研究的时候，首先要做的就是先去明确研究目的是要了解这件事，还是对这件事将来的走向和发展趋势进行预测。要实现这两种目标所用到的方法是不同的，也遵循不同的思考范式。研究者常用相关、因果和概率来进行预测。在本书中，笔者希望明确的是老年人这个群体所需要的合理性交互方式，而不是某一个或某几个老年人的交互行为和交互习惯问题。那么，这就是一个“预测”的问题，很难通过简单的数据描述进行说明。

统计学的方法都是建立在一定的研究假设的基础上的，所进行的分析和预测的结论也是基于这些基本假定。从这个角度来说，该类方法可能存在一定的局限性。即研究者在应用某个方法之前，首先需要保证采集到的资料是满足这些基本假定条件的。而这对于具有较强人文社会科学性质的设计研究来说难度较大。就本书而言，由于研究对象是社会中的人和道路上的车辆，外在影响因素不胜枚举，在实际操作的过程中不可能全部进行控制，如日光照度、空气质量、驾驶人的心情、性格等，因此很难像自然科学的实验一样得到特征非常理想的数据。所以，需要谨慎选择分析方法，在条件允许的情况下进行合理、科学的分析。

近些年来，人文社会科学领域的学者在定量研究方面能够取得越来越多的成果，在很大程度上得益于很多数学软件的智能化和人性化发展（刘霞，2007）。社会科学研究领域常用的统计分析软件，如 SPSS、Stata 等，界面设计越来越友好，指令和操作易于掌握和应用，结果展现直观，并可以输出图形，研究人员在这些数学软件的帮助下可以较为容易地解读定量研究结果。特别是在建立模型阶段，研究者基于研究需求提出研究假设，需要建立数学模型来进行验证。模型背后的大量运算、拟合的工作，都可以通过软件进行处理。因此，在文献回顾中可以发现，应用定量研究方法来精确触碰设计的本质已呈现一定的趋势。在我国，湖南大学、浙江大学、浙江工业大学、清华大学、重庆大学等高校的工业设计专业，应用定量研究方法的产品设计、界面设计研究成果也越来越多、越来越成熟。

4.3 假设检验的逻辑与设计研究

4.3.1 设计研究中运用假设检验的意义

设计研究者往往很难或者无法观察到研究对象总体中的每一个个体。在研究中，通常是采集样本的数据，借助于样本数据所反映出的现象来回答关于总体的问题。样本容量有大有小，在设计研究领域，从只面向几个人的数据采集到多达数千人甚至数万人的大型人体测量都有使用。根据样本抽取方法和分析方法的不同，数据所反映的信息的有效性也不尽相同。为了得到准确的结论，单纯进行描述性统计（频次、均值、方差、百分比等）是远远不够的，需要用到推断性统计方法。

假设检验是推断性统计中最常用的一种统计过程，通过假设检验，研究者可以用样本数据得到关于总体的结论（Gravetter，2008）。在本章研究中，需要明确实验车 A 和实验车 B 在三种驾驶情境（直线驾驶、弯道驾驶、“S”形道路驾驶）中的各个二级任务的操作上是否具有差异、有多大的差异这样两个问题，只有明确这两个问题，才能进一步比较两种交互方式的任务完成时间，并判断交互方式宜老性。如果只是对 60 名实验对象的数据进行加和、求取均值等描述性统计，当然也可以得到一些结论，但这个结论只反映了这 60 人的状态，我们无法相信“有驾驶需求且有驾驶能力的中国城市老年人”这样一个总体也具有这样的特征。因此，需要通过假设检验来判断样本数据所反馈的结果是否能够推广到总体，也就是评估这个结果。不同的研究会使用不同的假设检验，在本章研究中，根据实验被试和数据的特点，选择 T 检验和卡方独立性检验。

4.3.2 两相关样本的 T 检验

在本书第 2 章的信任度研究中，已经使用过这种方法。本节结合行为研究需求，对本方法的基本逻辑进行详细论述。T 检验所使用的统计量称为 T 值（Tvalue）。T 检验分为单一样本 T 检验、两独立样本的 T 检验和两相关样本的 T 检验。在本书中，所分析的两个样本（实验车 A 样本、实验车 B 样本）是相关的，因为是同一被试群体在两个车辆上进行实验，两个样本一定是相关样本。因此，在分析两个样本的差异的显著性时，选择两相关样本的 T 检验。此时 T 值的计算如式（4-1）所示。

$$t = \frac{\overline{X_1} - \overline{X_2}}{\sqrt{\dfrac{\sigma_{X_1}^2 + \sigma_{X_2}^2 - 2\gamma\sigma_{X_1}\sigma_{X_2}}{n-1}}} \tag{4-1}$$

式中，$\overline{X_1}$、$\overline{X_2}$分别表示两个样本的平均数，$\sigma_{X_1}^2$、$\sigma_{X_2}^2$分别表示两个样本的方差，γ 为两样本的相关系数。分子表示的是两样本的平均数之差，由于总体可以认为是呈正态分布，均值为 0，标准差为 1，因此总体均值差总是为 0，式（4-1）的分子也就表示了样本均值差与总体均值差之间的差异，即传统 T 检验统计量的分子的含义。分母表示的是两相关样本的数据所构建的由偶然所导致的标准差（Gravetter，2008）。

T 检验的主要思想是通过样本的均值和方差来推断样本数据与总体数据之间的差异。当 T 值不能通过检验时，说明样本数据与总体差异过大，即样本数据不能反映总体的情况。如 T 值通过检验，则可以认为样本数据很好地代表了总体。检验需要用到的统计量（T 值）和用于做出判定的标准（显著性水平 α）在设计研究中可以发挥重要作用。

显著性水平 α 是一种概率值，描述了在假设情况为真时非常不可能出现的样本的概率。因此，当检验统计量的概率小于规定好的显著性水平时，则说明用于检验的样本数据是小概率事件，需要拒绝原假设（Gravetter，2008）。在两相关样本 T 检验中，显著性水平的表现即为：若 $p<\alpha$，则认为原假设“两相关总体之间几乎没有差异”是小概率事件，不

能接受，需要拒绝。α 一般有三种水平：若 $p<0.001$，表示两总体之间的差异极其显著；若 $p<0.01$，表示差异非常显著；若 $p<0.05$，表示显著。

两相关样本的 T 检验可以用来理解和分析总体在两种处理间是否存在差异及存在多大的差异（Gravetter，2008），即就全国有驾驶需求与驾驶能力的老年人群体而言，实验车 A 的这些交互行为与实验车 B 的这些交互行为是否存在显著差异。回答这个问题的意义在于，本书需要明确实验得到的数据所反映出的现象是能够代表总体的、确实存在的现象，而不是这 60 个被试所独有的偶发性现象。

4.3.3 使用两相关样本 T 检验的假设条件

统计检验方法不是万能的，每一种方法都有一些基本假定。对两相关样本的数据使用 T 检验，必须满足两个基本假定：独立性假定和正态性假定（Gravetter，2008）。

（1）独立性假定，即每一组样本的被试之间必须是相互独立的。这要求任意两个被试的数据之间没有可以预测的、一致性的关系。即一个被试的实验结果对另一个被试的实验结果的出现概率没有影响，在这种情况下，可以认为这两个“事件”是相互独立的。独立性的要求可以通过不相关的个体来得到满足（Gravetter，2008）。

在本书中，60 名被试并不属于一个家庭、一个办公室，在一定程度上保证了被试的独立性。另外，实验把每一位被试安排在了不同时间段，避免了被试之间相互影响，这种做法也可以加强观察事件之间的独立性（Gravetter，2008）。

（2）正态分布假定，即样本来自的总体必须呈现正态分布。本书研究的老年驾驶人，总体分布很难确定。但当样本容量相对比较大时，正态分布假定变得不是很重要，即正态分布假定对 T 值的实际影响并不大。从统计学上来说，当样本容量相对较大（$n>30$）时，可以忽略该假设（Gravetter，2008）。另外，重复测量实验比独立测量实验需要的被试数量更少，因为重复测量实验更充分地利用了被试资源（Gravetter，2008）。本书所设计的实验抽取被试60人，符合统计学规范，可以通过T检验对连续型数据（如任务完成时间）进行假设检验。

4.3.4 卡方独立性检验

T检验要求数据是等距的，也就是所分析的数据应该是具有数量意义的，且服从正态分布。但在设计研究中，经常会涉及很多定类数据，如性别、职业等。这时，T检验就不再适用，需要选取其他的假设检验方法对数据进行分析。本书中，“车道保持水平”就是一个二分变量，取值只有0（无法有效保持车道）和1（可以有效保持车道）两种。同时，交互方式也是一个二分变量（交互方式A、交互方式B）。本书希望了解“车道保持水平是否与所使用的交互方式有关”，可以使用卡方独立性检验。

卡方独立性检验用于分析列联表的行和列的两个变量是否有关联，适用于定类变量和定序变量（甘怡群等，2005），因此适合本书。卡方独立性分析的原假设为：两个变量是彼此独立、互不关联的，使用的统计量为卡方统计量，表达的是观测频数与期望频数的差。两个频数之间的差异越大，说明实际的状况跟原假设相比差得甚远；差异越小，说明实际的状况越符合原假设的描述。对卡方值进行检验，如果结果是不显著的，则无法推翻原假设，即所研究的两个变量是彼此独立、互不关联的；如果结果是显著的，则需要推翻原假设，说明两个变量之间具有某种关系。

4.4 驾驶难度与任务负荷

目前，车内交互越来越复杂。同时，交通法规的细致化、环境的拥挤，导致道路信息日趋丰富，继而造成驾驶员在驾驶过程中需要处理愈加多元化的信息。在驾驶技巧之外，是否能有效处理并解决车内与道路信息所带来的压力，是驾驶行为研究需要考虑的问题之一（孙向红等，2008）。

本章研究的重点在于两种常见交互方式的比较，如果两种交互方式下，驾驶难度和交互任务中的工作负荷存在较大差距，则不能放在一起比较。例如，将飞机的驾驶与三轮车的驾驶进行比较，意义是很小的。因为飞机的驾驶涉及大量仪表的读取、操作器的控制，难度很大，需要进行长时间的培训和学习才能掌握；而三轮车的驾驶则不需要进行这些信息的处理，只要简单地练习即可掌握。因此，在进行交互行为特征研究之前，需要对两种交互方式下车辆的驾驶难度和工作负荷做出比较与分析。

驾驶难度和工作负荷这两个问题具有很大的关联性，两者也都会给用户体验带来一定的影响。研究表明，驾驶难度会由“行驶速度”和“车辆周围道路环境的易变性”两方面因素所决定，往往是客观的（Zetlin，1995）。而工作负荷水平是一个表现心理资源分配变化情况的指标，可通过主观评价测得（孙崇勇等，2013；孙向红等，2008）。为尽可能揭示两种交互方式的可比较性，本章分别采用客观测量方法与主观测量方法，评估驾驶难度与交互任务中的工作负荷。

4.4.1 驾驶难度

驾驶难度的计算方法可参考式（4-2）（孙向红等，2008）：

$$\text{驾驶难度}=\text{每分钟刹车次数}+\text{Log}_2\text{车速} \tag{4-2}$$

在本书中，基于研究需求将车速作为控制变量，车速是一致的，每一个被试在两部车辆中的“Log_2车速”会呈现出相同的取值。因此，驾驶难度的差异就体现在了“每分钟刹车次数”上。本节研究将每分钟刹车次数作为驾驶难度的客观测量指标。对数据进行描述后，用两相关样本 T 检验分析两种交互方式下驾驶难度的差异性，结果如表 4-1 所示。

表 4-1 两种交互方式下老年驾驶人刹车次数描述统计与 T 检验

	实验车 A		实验车 B		T 值	显著性水平
	均值	标准差	均值	标准差		
每分钟刹车次数	4.317	1.491	4.267	1.326	0.280	0.781

从结果中可以发现，两款实验车辆在“每分钟刹车次数”这一指标上所体现出的差异性不显著（$p>0.05$），说明老年驾驶人的刹车次数并没有因为交互方式的不同而产生显著性差异。根据式（4-2），可以推断在实验车速下，两种交互方式下车辆的驾驶难度无显著差异，对两种交互方式下的任务与行为进行比较分析具有可行性。

4.4.2 工作负荷

在考量交互方式的合理性时，有必要对驾驶员的心理资源分配情况进行研究。“工作负荷”旨在测定和评价人机系统的负荷状况，可以反映这一信息。评价工作负荷，目前在相关研究领域已经产生了很多比较成熟、具有较高信效度的测量方法，基本可以归纳为三类：生理指标测量、行为指标测量、主观评价测量（孙向红等，2008；Veltman，2002）。工业设计研究经常希望掌握用户真实状态下的行为特征以转化为产品设计点，与基础研究领域的研究需求有所不同。同时，对于后续的深化设计工作来说，设计师往往更需要了解的是用户的表现（performance）与感受。相比而言，行为指标测量和主观评价测量能发挥更大的作用。由行为人对某任务的工作负荷进行主观评价与描述，这就是主观测量。

4.4.2.1 NASA-TLX 量表综述

在任务负荷测量方面，目前应用比较成熟的主观测量方法之一是NASA-TLX 工作负荷量表，使用者的接受程度比较高，并且被试间的变异非常小（杨玚等，2010）。NASA-TLX 量表从 mental demand、physical demand、temporal demand、performance、effort 和 frustration 六个维度对被试完成任务后的心理负荷进行评价，研究表明该量表的信度和效度均较好（Hill et al.，1992），符合本书研究需求。

NASA-TLX 量表由美国研究者开发，经过翻译，再由中国人使用（见附录 F）。虽然对每一个测量维度均会附以解释，以便被试明确每一项测量的含义、倾向和具体内容，但翻译之后词汇的表意仍然有偏离原意的可能性。例如，“physical”一词，可以有身体的、物质的、生理的、物理的等含义，demand 也有需要、需求、要求等含义。对 physical demand 进行翻译之后，会产生生理需求、生理需要、身体需求、身体需要、物理要求等不同的名称，虽然含义相近或相关，但仍然是不同的词汇，具有不同的表意。因此不能贸然翻译，而是要参考现有国内研究，使用信度和效度均得到验证的翻译量表，使之能够适应我国的文化与习惯。根据国内研究成果，结合工业设计专业和相关专业的数位老师的意见，本书取用肖元梅等（2005）给出的翻译，即脑力需求、体力需求、时间需求、努力程度、业绩水平、受挫程度。该成果确定翻译内容的方法为：邀请多位专家对量表原文进行了多次翻译，在力求全面、准确表达原文的基础上，根据我国居民的文化和习惯对量表的条目进行了润色整理，最终完成量表的翻译，研究者对翻译后的量表也进行了信度和效度评价。

其中，对重测信度的评价，肖元梅等（2005）使用了组内相关系数（Intra-class Correlation Coefficient，ICC）对两次测量结果的稳定性进行了评价；对内部一致性信度，使用克隆巴赫 α 系数（Cronbach's α）进行评价；在效度评价上，分析了量表的结构效度。评价结果非常理想。研究表明，中文版 NASA-TLX 量表六个测量项的重测信度为“良好”或“佳”（六个测量项的 ICC 系数为 0.567~0.753）；分半信度较好（$r=0.805$）；内部一致性信度极高（Cronbach's $\alpha>0.80$）。从测量项与量表总分的相关系数来看，只有“业绩水平”项与总分的相关性较差，但仍然是显著相关的（$r=0.068$，$p<0.05$）；其他各项相关系数均大于 0.60，且非常显著（$p<0.01$）。

在效度评价上，通过因子分析评价了量表的结构效度。结果表明，中文版 NASA-TLX 量表的因子结构可以说明本量表的结构效度较好，能正确地反映被试的真实情况（肖元梅等，2005）。也有研究发现，NASA-TLX 量表具有良好的效标效度（杨玚等，2010）。

4.4.2.2 量表内容与测量结果

任务负荷总值的计算方法为求取六个项目的加权平均值。各个项目的权重值的确定方法为：通过两两比较的方式，对测量的六个项目进行配对，则一共可以组成$C_6 = 15$种配对（见附录 G）。然后请实验被试在每一个配对中选出他认为与“实验任务的总负荷”更为有关的一个项目，由研究人员进行计数。每一个项目被被试选出的次数即为该项目的权重值。

通过计算加权平均值，获得被试的任务负荷的总得分。两部实验车辆的总得分的描述及 T 检验结果如表 4-2 所示。

表 4-2　两款实验车辆的任务负荷得分描述统计与 T 检验

	实验车 A		实验车 B		T 值	显著性水平
	均值	标准差	均值	标准差		
任务负荷得分	10.975	4.338	12.114	3.817	−2.032	0.057

从表 4-2 中可以发现，驾驶员在两款实验车辆的任务负荷上所体现出的差异不显著（$p>0.05$），说明两种交互方式下，老年驾驶人的负荷水平并没有因为交互方式的不同而产生显著不同，进一步支持了两种交互方式之间可以进行比较分析。

4.4.2.3　比较与讨论

为了评价驾驶难度，笔者对 60 名被试的任务负荷得分和每分钟刹车次数进行了皮尔逊相关分析。对于实验车 A，两个变量的相关系数为 $r=0.582$，$p<0.001$；对于实验车 B，两者的相关系数为 $r=0.603$，$p<0.001$。说明两种测量结果具有非常显著的正相关性，即一种评价方法的测量结果的变化会非常显著地导致另一种评价方法的结果发生正向改变。由此可以判断，两种测量反映的问题较为相关，驾驶难度越高，被试的任务负荷越严重。该结论可以用作车机界面设计的一个参考，即如果为了实现更多的车内功能或更舒适的视听体验，而使车辆的操作与信息识别复杂化、困难化，则可能会造成驾驶员的心理负荷提高，起到反效果。

4.5 不同交互方式下二级任务的操作特征

4.5.1 数据描述与检验

根据4.3节的理论，对数据进行描述并进行两相关样本T检验，结果如表4-3与表4-4所示。对于有显著差异的指标，需要分析两款实验车辆下的差值，反映交互方式的特性。

表4-3 两款实验车辆下任务完成时间描述统计与T检验

二级任务完成时间/秒	实验车A		实验车B		T值	显著性水平
	均值	标准差	均值	标准差		
导航（X1）	28.161	6.172	29.600	4.469	-1.595	0.116
微信（X2）	5.326	1.258	4.600	1.566	2.597	0.012
仪表（X3）	4.604	1.155	4.008	1.646	2.172	0.034
广播（X4）	8.889	6.151	6.911	4.053	2.123	0.038
空调（X5）	7.954	4.618	6.348	3.929	2.114	0.039
接打电话（X6）	3.915	1.889	3.635	1.927	0.824	0.413

表4-4 两款实验车辆界面SUS得分描述统计与T检验

	实验车A		实验车B		T值	显著性水平
	均值	标准差	均值	标准差		
界面SUS得分	70.896	10.279	74.175	10.166	-2.054	0.045

对于车道保持水平，在本实验中，这一指标有0和1两种标度。1表示驾驶人能够有效保持在规定路径上（偏移车道0~1次），而0则表示驾

驶人无法有效保持在规定路线上（偏移车道 2 次及以上）。由于是一个二分变量，数据不是等距的，也自然不服从正态分布，也就无法使用 T 检验来检验两样本之间的差异性，因此选用卡方独立性检验来说明车道保持水平是否与交互方式的改变有关联。采用皮尔森卡方值（Pearson Chi-Square）作为检验统计量，检验结果如表 4-5 所示。

表 4-5　卡方检验结果

	交互方式		总数
	实验车 A	实验车 B	
无法有效保持车道	16	19	35
可以保持车道	44	41	85
样本量（n）	60	60	120

注：Pearson Chi-Square=0. 363，Asymp. Sig.（2-sided）= 0. 547。

从表 4-3 和表 4-4 结果中可以发现，只有导航操作（X1）和接打电话（X6）这两个指标在两款实验车辆之间没有显著差异（p>0. 05）。即无论是使用交互方式 A 还是交互方式 B，老年驾驶人开启导航并输入目的地与接通电话这两个任务的完成时间都没有明显的差别。而其他指标，在两种交互方式下均呈现出显著性差异，即随着交互方式的改变，人机界面的系统可用性与用户的交互作业绩效均会产生显著不同。同时，从卡方独立性检验结果可以看出，无法推翻原假设，即车道保持水平与交互方式之间是相互独立的（p>0. 05），说明车道保持水平不会因为交互方式的不同而产生显著不同。对表 4-4 中的观测频数进行计算后发现，全部期望频数均大于 5，其中最小期望频数为 17. 5，说明检验结果是有效的。从表 4-5 可知，两种交互方式下均为可以保持车道的被试更多，无法保持车道的被试只是少数。这也从另一个方面反映了汽车在车道偏移问题上所具有的优势。

明确老年驾驶人在两种交互方式下完成各个任务所需时间的差异性，便于分析交互方式的宜老性。首先，根据动作经济性原则和驾驶过程信息处理模型，在适老交互方式下，老年驾驶人完成每一项任务的时间应该尽可能地短，这样才能适应突发状况频发的实际道路。同时，较短的任务时间也可以反映出操作流程的流畅性。在表 4-3 中，实验车 B 的微信、仪表、广播、空调任务完成时间均显著更短。与之相应，实验车 B 的界面 SUS 得分则显著高于实验车 A，反映了实验车 B 的交互方式对于老年驾驶人来说具有更高的系统可用性。

其次，车道保持水平与驾驶员的道路认知能力和对交互方式的适应能力有关。交互方式越合理，越符合人们的认知特点，操作越能实现精确控制，驾驶员较少分心，则车道保持水平越高。其中，二级任务的操作对车道保持性好坏的影响更大。驾驶员是否能遵循规定路径行驶而不偏离、偏离之后在多快的时间里得以回复正常路径，这些都会受到操作的影响。而认知能力对车道保持水平的作用则体现为在不同的交互方式下，驾驶员的车道保持能力可能会有差异，但差异不会很大，这正是由于驾驶员的认知能力是相对恒定的，不会因为改变了交互方式就发生巨大提升或衰退。

从本节分析可知，对于老年驾驶员来说，采用触屏交互方式打开微信并进入与指定人员的聊天中、切换广播频道、打开空调并调整至指定温度这三种操作任务，与采用电子显示方式的仪表观察与识读任务相比，完成时间均比较短，且 SUS 得分表明该交互方式下界面的系统可用性更高。但通过数据比较只能了解两种交互方式下的行为特征，既无法了解车内交互行为的作用机理，也无法在行为特征与界面的系统可用性、车道保持能力等反映交互水平的指标之间建立有效的因果关系。为了解各任务完成时间的作用机理与影响大小，可使用回归分析建立预测模型，研究交互行为和交互水平之间的关系。本书第 5 章会就这一部分内容详细展开。从工业设计的角度来看，只触碰现象而不去解释其背后的因果，容易导致设计创意点变得浅薄，需要在现阶段研究中严谨对待。

4.5.2 测量效应

在进行 T 检验之后，可以对测量效应的大小进行证明，以了解假设检验是否真的对资料进行了准确的评估。最直接的用于测量 T 检验效应大小的方法是计算科恩 d 值。但科恩 d 值虽然能够评价测量效应的大小，却并不能反映出两组样本所代表的总体之间的差异性有多少是由处理效应解释的。处理效应就是实验中用于划分样本的条件，在本实验中，处理效应就是不同的交互方式。那么，两组样本的数据如果存在差异性，有多少是由不同的交互方式带来的呢？这是判断测量效应的一个重要依据，也是本节分析中关注的一个信息。通过对解释方差百分比（r^2）的测量，可以得到这一答案（Gravetter，2008）。

r^2 值的计算方法为：

$$r^2=\frac{t^2}{t^2+(n-1)} \tag{4-3}$$

式中，t 即为 T 值，n 是样本量，n-1 表示自由度 df。r^2 值直接表示了解释方差的百分比，即有百分之多少的差异性是由处理效应带来的。科恩（Cohen，1988）曾提出评估 r^2 值大小的标准，如表 4-6 所示。

表 4-6　评价 r^2 值的标准

解释方差百分比（r^2）	测量效应大小
$0.01<r^2<0.09$	小效应
$0.09<r^2<0.25$	中等效应
$r^2>0.25$	大效应

资料来源：Cohen（1988）。

解释方差百分比 r^2 比常用的科恩 d 值能反映的信息更多。但科恩 d 值是完全不受样本量影响的，而 r^2 值由于在计算中需要使用到 T 值，会很轻微地受到样本量的影响，因此分析时还需综合考虑其他因素。本书各个指标的 r^2 值计算结果如表 4-7 所示。

表 4-7　两款实验车辆老年驾驶人操作特征指标的 r^2 值

	r^2 值
导航（X1）	0.041
微信（X2）	0.103
仪表（X3）	0.074
广播（X4）	0.071
空调（X5）	0.07
接打电话（X6）	0.011
界面 SUS 得分	0.067

从表 4-7 结果中可以发现，两种交互方式下的微信任务完成时间（X2）的差异性有 10.3%是由交互方式的不同所造成的，为中等效应（$0.09<r^2<0.25$）。其他几个指标中，仪表识读任务完成时间（X3）的差异性有 7.4%、广播任务完成时间（X4）的差异性有 7.1%、空调任务完成时间（X5）的差异性有 7%、界面 SUS 得分的差异性有 6.9%是由交互方式的不同所造成的，均为比较小的效应（$0.01<r^2<0.09$）。而导航任务完成时间（X1）、接打电话任务完成时间（X6）没有通过 T 检验，r^2 值均小于 0.05，反映出无论采用哪一种交互方式，用户的行为特征都是相近的。

4.6　老年人车内交互相关要素分析

4.6.1　研究假设的提出

本节尝试分析与交互行为相关的其他要素，包括年龄与心率变化，对前一节的研究结果进行解释。本节研究需要明确两个问题：

（1）感知年龄与任务完成时间之间的关系。年龄作为本书关注的一个影响因素，很有可能会对各二级任务产生一定的影响。本节研究以感知年龄作为研究变量，希望了解老年驾驶人的感知年龄与交互行为之间关系的强度与方向。

（2）两种交互方式下的心率特征。心率是指正常人安静状态下每分钟心跳的次数，可以反映驾驶员的疲劳程度（王琳虹等，2013）和紧张水平（张开冉，2008）。本节分析了两种交互方式下被试完成二级任务时的心率，希望了解老年驾驶人的疲劳程度和紧张水平是否会因为交互方式的不同而产生显著区别。

对每一个问题，提出相应的原假设并进行分析，通过统计量的显著性水平来决定是否应该推翻该假设。两个原假设分别为：

H01：感知年龄与任务完成时间之间不存在显著相关性。

H02：不同交互方式下的心率之间不存在显著性差异。

4.6.2 车内交互相关要素分析

4.6.2.1 年龄与任务完成时间的关系

（1）概述。现有研究表明，步入老年之后，人的大脑皮层灰质在厚度上逐渐减薄，额叶皮层的衰退尤其显著，额叶皮层发生损伤会使人出现活动障碍（Salat et al.，2004；Good et al.，2001）；负责双手功能协调的白质神经束胼胝体会出现面积缩减的趋势；小脑控制人体平衡和动作协调性，其体积同样会随着年龄的增长而逐渐变小；不仅是神经系统会出现此类改变，运动系统随年龄增长出现的衰退也无法避免，如前文所述，骨骼肌纤维总数会减少，肌肉的力量强度、持久力、灵活程度和活动性能都会随着年龄增长而衰减（Jernigan et al.，2001；Carmeli，2002）。

另外，从任务完成时间的角度来说，与中年或青年人群相比，老年人完成同样的操作和认知需要更长的决策时间和运动时间，这是因为步入老年阶段之后，人的中枢神经系统、外周神经系统、神经—肌肉系统容易出现功能失调，这会使年老人士动作控制能力弱化（Seidler et al.，2002）。由以上研究结论可以发现，随着年龄的增加，老年人的行为能力会呈现不同水平的下降。因此，在车内交互方式的研究中，各个任务的所需时间随年龄所发生的变化对研究结果具有重要意义。但根据现有研究成果，将日历年龄作为分析变量应用于与年龄相关的研究时，并不十分有效（Barak et al., 1981）。这是因为与生理状态相比，日历年龄更多地反映的是一个人的精神状态（Schiffman et al., 1991），脱离了特定的某种社会语境的话，日历年龄将体现不出任何作用（刘超，2008）。感知年龄是一个具有深刻内涵的复合心理变量，它不仅表达出了日历年龄的信息，也隐含了其他消费者人口统计特征（刘超，2008）。因此，本节对被试的感知年龄与其在实验车 A 和实验车 B 上的任务完成时间进行相关性分析，判断是否能够拒绝原假设 H01。

（2）相关分析。在需要对两个变量之间的关系进行描述的时候，研究者经常会选择“相关”这种统计技术。目前比较常用的相关系数是皮尔逊相关系数。皮尔逊相关可以对两个变量间的线性关系的程度和方向进行测量，适用于等距或等比数据，适合本研究中的数据。相关系数表明了效应大小，根据 Cohen 的研究，r 值在 0.10~0.29 为小效应，r 值在 0.30~0.49 为中等效应，$r \geq 0.50$ 为大效应（甘怡群等，2005）。对于设计师来说，明确用户行为的关联要素之间的关系，对探索用户的行为习惯具有很大作用。事实上，在前文多次使用的 T 检验的统计量（t 值）的计算中，已经使用到了这个系数。在本章 4.4 节“任务负荷”研究中，也曾使用皮尔逊相关分析。

当然，“相关”这种技术只能用来描述这种关系，但却无法说明存在这样一种关系的原因，因此也就无法对这两个变量之间的因果关系进行解释。在进行两两相关的分析的过程中，笔者希望看到的也正是变量之间所存在的关系及关系的大小。而变量之间的因果会在本书第 5 章通过建立回归模型来进行解释。

首先以导航任务完成时间为切入点，计算后发现，在实验车 A 和实验车 B 这两种交互方式下，被试的感知年龄与导航任务完成时间的皮尔逊相关系数分别为 $r_A = 0.332$，$r_B = 0.381$，均呈现显著正相关性（$p < 0.05$），需要拒绝原假设 H01，说明驾驶人感知年龄越高，则其无论使用

哪一种交互方式，完成启动导航并输入导航目的地的操作所需的时间也就越长。

根据表4-3的结果，实验车B的导航任务完成时间是显著短于实验车A的。把感知年龄介入分析后，发现感知年龄与导航任务完成时间相关，因此感知年龄的不同有可能会造成老年驾驶人导航操作的差异。通过感知年龄与其他几个任务完成时间之间的相关性分析（见表4-8），可以看到更多的特征。感知年龄由感觉年龄、视觉年龄、兴趣年龄和行为年龄四个维度的概念进行反映，是会影响人们日常行为的一个年龄变量（Barak and Schiffman，1981）。因此，由感知年龄与任务完成时间的关系，基本可以判断驾驶人的年龄与交互水平之间的关系。

表4-8　感知年龄与两款实验车辆各任务完成时间的相关系数

	导航	微信	仪表	广播	空调	电话
实验车A	0.332*	0.381*	−0.429*	0.416*	0.387*	0.358**
实验车B	0.318*	0.392*	0.377*	0.297**	0.311*	0.402*

注：*表示 $p<0.05$，**表示 $p<0.01$。

从表4-8可以看出，在实验车A中，除仪表识读任务之外，其余各任务完成时间与感知年龄均呈现显著正相关，即感知年龄越高，其导航、微信、广播、空调、电话操作完成时间越长。而仪表识读任务的完成时间与感知年龄呈现显著负相关，说明感知年龄越高，完成仪表识读所需时间越短。因此需要拒绝原假设H01。根据人的信息处理模型（见图2-3），较短的操作时间，可以缩短驾驶人的信息处理过程，在驾驶过程中更为合理地匹配心理资源，有效处理并解决道路信息所带来的压力。从这个角度来说，驾驶方式A的导航、微信、广播、空调、电话操作似乎比较不利于老年人群体。如果某种交互方式不能应对感知年龄增长所带来的变化，则其对于老年人群体来说意义是有限的。当然，如前文所述，如果能给予足够长的时间，运动精确性都会较高（赵江洪，2007）。老年人倾向于保守驾驶，如能保证运动精确性，较长的任务完成时间也可以接受。

而实验车 B 的各任务完成时间均与感知年龄显著正相关，因此同样需要拒绝原假设 H01。即该交互方式同样不能很好地应对感知年龄增长所带来的变化。针对这一问题，笔者对实验过程进行了观察。通过分析影像资料，发现驾驶人的问题主要出现在屏幕的信息层级识别、界面元素（按钮、滑块等）的寻找上，多次发生诸如下意识多余动作、无效操作等现象。但实验车 B 的中央显示屏为嵌入式横屏，很难全面代表其他类型触屏的交互水平。研究表明，导致车内操作错误的可能原因有：①对事先供给的信息，无法做到及时应用（张殿业等，1998）；②难以接受信息和对此进行反应（张殿业，1999）；③对于较为复杂的信息，出现过长的反应时间（张殿业等，2001）；④不能控制动作速度（Zhang et al.，1996）。其中，难以接受信息和对此进行反应有可能会导致操作失误。屏幕的形状、尺寸、位置都会影响信息检索绩效，继而影响交互水平。因此，尚需对各操作的作用机理与影响大小做出分析。某种交互方式下的各个任务对于交互水平的影响，可通过建立回归模型来分析，印证本交互方式的有效性。在此基础上，面向不同形式和布局的屏幕，展开信息检索绩效分析，优化触屏交互的人机界面（Human-Machine Interaction，HMI）设计。本书第 5 章会就这一内容进行深入分析。

综上所述，无论采用哪种交互方式，老年驾驶员的操作水平都会因其感知年龄增加而受到显著影响。感知年龄的四个评价维度中，感觉年龄和行为年龄对于驾驶技能来说具有重要意义。如被试已经感知到自身的衰老，则其驾驶技能在一定程度上会不可避免地出现下降。为反映两种交互方式的宜老性，下节中会进一步分析实验过程中被试在两种交互方式下的心率与紧张水平。

4.6.2.2 两种交互方式下的心率特征

心率是指正常人安静状态下每分钟心跳的次数，可以反映驾驶员的疲劳程度（王琳虹等，2013）。如果在其他条件相对不变的情况下，给某人以紧张的或智力上的刺激，则该人的心率会随着刺激强弱而发生变化（Napoletano and Rossi，2018）。从道路交通来说，信息输入的变化会带来紧张程度的变化，并继而带来心率的变化，如驾驶人在行驶中突然接收到某种信号，这种信号刺激进入驾驶人的脑中枢，使驾驶人的交感神经产生兴奋，这就是心率与紧张性之间的生理学依据（张开冉，2008）。在驾驶任务与二级任务的信息交互过程中，交互界面的设计会对信息传递与视觉任务的完成效果产生影响（Ma and Sun，2015；Wang et al.，2019），给驾驶人带来紧张程度的变化，体现心率的变化。Gonzalez 等（2019）、Lee 等（2019）、Rastgoo 等（2019）的研究中均运用心电数据作为车内交互水平的指标。为明确两种交互方式下老年驾驶员的紧张水平，反映交互行为的宜老性，笔者分析了 60 名被试的心率特征。实验中分别采集了直线路段与非直线路段（大半径转弯、“S”形道路、倒车）中 60 名被试的平均心率。此外，采集“突发情况下的紧急反应”这一实验项目中被试的心率情况，并与直线道路平均心率、非直线道路平均心率进行了对比（见表 4–9）。

表 4–9　两款实验车辆下的被试心率特征

	实验车 A		实验车 B		T 值	显著性水平
	均值	标准差	均值	标准差		
突发情况	91.703	8.271	75.641	3.156	14.553	0.000
直线路段	74.442	4.019	73.804	3.501	0.954	0.344
非直线路段	70.712	3.680	69.937	2.816	1.242	0.219

本章在实验之前采集了被试的常时心率，确保了所有被试的心率均为健康水平，且通过询问，保证全部被试在乘车、出行、驾车等行为中不会出现心悸、多汗、眩晕等现象。因此基本排除了自身健康状况导致实验过程中心率异常的可能性。

从表 4–9 中可以发现，在两部车辆的驾驶过程中，突发情况下的平均心率具显著差异（$p<0.001$），而其他两种路段下的平均心率差异不显著。实验车 A 的交互过程中，突发情况下驾驶人平均心率均值较高（91.703），且数据比较离散，标准差达到 8.271。经过计数，发现多达 10 位被试的心率在 100 以上。研究表明，中国健康人群男性心率中位数为每分钟 67～68 次，且年龄变化不会带来很大的波动；女性心率中位数为每分钟 67～73

次，随年龄增长呈现下降趋势（吴杰等，2001）。而同样的被试在实验车 B 的交互过程中，突发情况下的心率并未出现这种波动，而是多集中于 70~80，标准差较小。老年人心率比年轻人会慢一些，突破 100 次/分钟的心率说明被试群体当时非常紧张。国内研究表明，就道路交通而言，驾驶人在直线道路上突然遭遇行人越过道路的情况，这种信号刺激对心肌细胞的生物电活动和生理特性具有明显的影响，从而对驾驶人心率的快慢变化产生作用（张开冉，2008）。这可能是由于驾驶人驾龄较低、对驾驶环境不熟，也可能是因为交互方式本身存在一定问题。较为合理的交互方式，应该减少老年人的紧张情绪。在实验车 B 上，60 位被试的平均心率没有表现出较大的波动，从这个角度来说，实验车 B 的触屏交互方式对于老年人来说是较为合适的，符合 SUS 得分研究结论。结合上一节研究可知，两种交互方式下的任务完成时间均与驾驶员的感知年龄之间存在显著相关，但触屏交互方式下老年驾驶人在突发状况下的紧张水平更低。

当然，在驾驶注意力分散问题还没有被解决的当下，全触摸屏交互未必是最好的车载交互设计方案。但在未来，随着汽车不断增加驾驶辅助功能，逐渐实现自动驾驶，驾驶员从繁复的驾驶任务中解放出来，交互需求和交互行为均发生变化，届时触控操纵取代按钮是大势所趋（彭玉元等，2018）。

4.7 本章小结

本章以设计研究的本质为切入点，从设计研究中定性研究与定量研究的关系，引出了推断性统计方法与假设检验对于设计研究的意义，阐释了本章的基本逻辑。本章以实验所得数据为依托，详细描述了 T 检验、卡方独立性检验、相关分析等推断性统计方法在设计研究中的应用，探讨了运用这些方法的前提、可行性，挖掘了数据背后所反映出的变量之间的关系和差异。这些内在影响机制可以帮助设计师更为准确地了解用户特征。

本章重点分析老年驾驶人行为特征，在介绍了研究方法之后，比较了驾驶难度与任务负荷，发现两种交互方式下驾驶难度并无显著性差异，可以对两者的交互水平进行比较；继而通过 T 检验，明确了两种交互方式下具有显著性差异的指标，从任务完成时间和界面系统可用性的维度判断出更适合老年驾驶人的交互方式；在此基础上，继续分析了两种交互方式下感知年龄与任务完成时间之间的关系、两种交互方式下的心率特征，尝试解释了实验车 B 的交互方式更为合理的原因。这也进一步证实了本章研究的意义，为第 5 章的建立模型做了铺垫。

5 老年人车内交互行为的作用机理研究

第 4 章明确了两种交互方式下二级任务完成时间的长短，并根据驾驶过程信息处理模型、动作精度理论和心理资源匹配等相关理论对各个二级任务的宜老性做出了初步的分析。实验车 B 的几项操作，因为完成时间较短、SUS 得分较高、驾驶人紧张水平较低等优势，较为适合老年驾驶人。但尚未在实验车 B 的各任务完成时间与车辆驾驶水平、车内人机界面的系统可用性之间建立有效的关联。本章通过建立多元线性回归模型和 Logistic 回归模型，分析实验车 B 的交互方式下的任务时间长短对驾驶水平与系统可用性的影响大小。

对于车内交互行为来说，用户感知的界面系统可用性应该越高越好。这一方面说明该交互方式下，驾驶人可以更好地适应人机界面；另一方面，在实验控制条件下，较高的系统可用性也反映了实验任务的设计具有一定合理性。而各个操作对于更高的系统可用性是否具有显著影响、有多大的影响，需要通过回归模型来判断。本章研究同样是通过实验车辆来反映交互方式的问题，而不是车辆本身的问题。车身结构、驱动轮机构、动力、平衡等元素不会纳入本章的模型之内。

通过文献回顾，可知在需要考虑交互方式问题的汽车内饰设计、用户体验设计及造型设计领域，该类方法应用尚不是很多。为便于读者理解，本章首先详细探讨整个回归分析过程和所涉及的相关概念与方法，并将模型拟合和模型检验的结果全部报出，借此探讨在设计研究领域应用该类方法的可能性、合理性和局限性。

5.1 线性回归模型在设计研究中的应用

5.1.1 线性回归模型概述

5.1.1.1 回归

在设计研究中，经常需要洞悉现象背后的本质。定性分析对研究者自身的知识面和洞察力要求较高，如果研究者的思考未及精髓，则定性分析很难完全剖析清楚现象背后的本质。如本书所面向的交互方式问题，通过观察、访谈、焦点小组等方法所收集到的资料仍然需要进行处理和加工，才能输出可以服务于内饰设计、操作器设计、驾驶室空间设计等设计议题的信息。定量分析特别是推断性统计分析方法是比较好的一种处理和加工原始定性资料的方式。

回归分析是常用的一种统计分析方法。“回归”（regression）这个概念是英国统计学家弗兰西斯·高顿（Francis Galton）在19世纪80年代提出的，目的是研究父辈一代的身高与子辈一代的身高的关系。在研究中高顿发现，个子高的父亲，其儿子的身高呈现出低于父亲的趋势；个子矮的父亲，其儿子的身高则呈现出高于父亲的趋势。总体而言，子辈一代的身高会向族群的平均身高进行“回归”。基于这个原理，回归分析在定量研究方法中有着重要的地位，应用非常广泛，特别是在社会科学研究中（谢宇，2013）。

回归分析主要有三种作用：一是对自变量和因变量之间的因果关系进行探索，二是通过自变量的变化来对因变量的取值进行预测，三是对自变量和因变量之间的关系进行描述。在用户研究中使用回归分析，可以发挥这三种作用。探索某种现象与其影响因素之间的关系强弱与影响方向，是工业设计师经常涉及的问题，也在很大程度上影响着设计理念的走向。

与这三种作用相对应，理解回归模型可以通过三种视角：因果性视角、预测性视角、描述性视角。这三种视角并不是互相排斥的。在研究中根据实验设计、资料特点和研究目的，可以针对具体情况来选择解释模型最合适的视角。在工业设计研究中，特别是推敲设计机遇的过程中，设计师经常会思考某一个问题或现象存在的原因和影响因素是什么。一个问题，往往不是孤立的，而是和人、其他产品、社会环境、应用情境存在千丝万缕的联系。在本节研究中，主要通过线性回归模型来分析交互界面系统可用性的影响因素，从而了解这些因素（本交互方式下的二级任务完成时间）对提升系统可用性的作用，为将来的设计提供指导依据。

5.1.1.2 回归分析存在的局限性

当然，回归分析具有其局限性。我们做设计研究，无论是研究产品本身还是研究用户，都是将其置于一个环境中的。在一个环境中，影响某一现象的因素不胜枚举。要在回归模型中完全表达出全部影响因素基本是不可能的，必须简化信息，以精简的理论模型来尽可能地还原问题的本质。因此，就需要研究者在建模过程中注意“精确”和“简约”之间的权衡。精确的模型考虑到的影响因素更多，即可以在研究中纳入更多的信息，减小模型的误差；但精确模型会导致主要信息被湮没，而小不然的因素又被纳入其中，从而导致自变量不显著。如果希望引入充分的影响因素就需要构建复杂模型，但这样的模型会导致其失去简约性，这两者的冲突在社会科学领域的研究中经常遇到（谢宇，2013），设计研究往往也会如此。

回归是一种简化信息的技术，这就造成研究可能会忽略一些影响因素。从古典计量经济学的研究视角出发，使用回归模型的研究者往往希望能通过所建立的模型来发现数据形成的机制，即“还原真实”的因果模型。但很多研究者秉承“真实模型其实并不存在”的观点，认为一个优异的解释真实的模型是相比较而言的，只要和其他模型相比更为有效、更具理论意义或解释意义或更接近于真实，这个模型就是“好模型”（谢宇，2013）。在统计学上，评价对于同一问题的多种解释的优劣程度时，经常需要遵循欧克穆剃刀定律（Occam's Razor）或简约原则，即当研究者需要解释某一现象时，可能会建立多种模型，而这些模型对拟研究对象的解释力度是近似的，那么，除非某一个模型具有更为有力的理论支撑，否则一般会使用最简单的模型（谢宇，2013）。因此，理解并接受回归模型的结论的原则应该是尊重其合理性，也承认其不足，客观评断模型的优劣与解释效果，做出合理的解释。对于模型无法解释的部分，还需要依托其他研究方法和工具进行补充。

5.1.1.3　多元线性回归模型

本节研究选择多元线性回归模型作为研究工具。“线性”一方面是指模型在参数上的线性，另一方面也指模型在自变量上是线性的。“多元”是指模型中具有多个自变量，这是因为研究涉及多种任务，共同作用于交互界面的系统可用性，影响驾驶员的交互水平。这些任务发生于同样的环境中，由同一行为人发起并完成，因此这些任务彼此都不会是完全独立的，而是相互作用、相互影响的。在现实生活中，一个结构的出现，往往不会是一个因素单独导致的，而是多因素、多环节共同作用所导致的结果（张文彤等，2013）。所以不能鲁莽地判断因果，如果在分析问题时只考虑一个最明显的影响因素，得出的结论很容易片面化。因此，本章选用多元线性回归模型。

5.1.2　线性回归模型的基本假定

统计模型都是需要满足一定的假定条件的，绝不是一组数据拿到后直接就能进行分析。线性回归模型也是这样。从模型拟合和参数估计的角度来说，只有满足这些假定条件的模型，才能有效地对参数进行识别和对模型进行检验（谢宇，2013）。各个假定条件是否被满足，可以通过一些方法和工具来检验。需要满足的假定条件和部分可用于检验的方法和工具如表5-1所示。本阶段研究会结合实验所得数据，对模型的质量与统计效力进行检验。

表 5-1 回归模型基本假定

基本假定	假定内容	检验方法与工具
A0 模型线性假定	因变量的条件均值是所有自变量的线性函数	散点图、残差分析、F 检验
A1 正交假定	误差项和自变量不相关	
A2 独立同分布假定	模型的自变量的误差项之间相互独立	残差分析、Durbin-Watson 检验
	所有自变量所对应的误差项的方差都相同	rvf 图
A3 正态分布假定	误差项服从正态分布	茎叶图、直方图、P-P 图、Swilk 检验

回归模型涉及一些参数。为便于理解和识记，在回归模型中，往往用希腊字母代表总体参数，用英文字母代表样本参数。其中，μ 表示总体均值，m 表示样本均值，β 表示总体参数，b 表示样本参数，ε 表示总体残差，e 表示样本残差，σ^2 表示总体方差，s^2 表示样本方差。另外，常用大写字母 N 表示总体大小，小写字母 n 表示样本容量。

（1）A0 模型线性假定：要求因变量的条件均值是所有自变量的线性函数，用公式表达为式（5-1）：

$$\mu_i = \beta_0 + \beta_i X_i \tag{5-1}$$

式中，μ_i表示因变量的条件均值，X_i表示各个自变量，β_0、β_i表示未知总体参数。该假定可以通过绘制散点图和残差分析这两种方法来进行检验，判断自变量和因变量之间是否存在线性关系（张文彤等，2013），也可以进行 F 检验（谢宇，2013）。如果数据呈现出非线性关系，就需要对因变量进行一定的数学处理（如取对数），使因变量变换为自变量的线性函数。

（2）A1 正交假定：指误差项和自变量不相关，从数据的角度来看，就是自变量和误差项的协方差为 0。需要这一假定是因为回归系数一般是采用最小二乘法来进行估计的，这样可以得到更好的β_0和β_i估计量，参数所具有的统计性质也更好。实际上，无论正交假定成立与否，最小二乘法估计出的结果都一定满足这一假定（谢宇，2013）。

（3）A2 独立同分布假定：指模型的自变量的误差项之间相互独立，

并遵循同一分布。误差项之间相互独立，即任意两个误差项之间的协方差为0。遵循同一分布，即所有自变量所对应的误差项的方差都是相同的。既可以通过残差分析来直接验证这一假定，也可以进行 Durbin-Watson 检验（张文彤等，2013）。遵循了同一分布，也就表示误差项与自变量是不相关的，即无论自变量怎样变化，误差项的分布都是一定的。在 A0、A1 和 A2 假定同时得到满足之后，用最小二乘法得到的估计值是最优的无偏估计（谢宇，2013）。

（4）A3 正态分布假定：A2 假定已经规定了误差项遵循同一分布，为了在数据分析的时候可以使用 T 检验，还需要满足正态分布假定，即误差项应服从正态分布（均值为 0，方差为 σ^2）。数学表达为：

$$\varepsilon_i \sim N(0,\ \sigma^2) \tag{5-2}$$

当误差项满足正态分布假定时，估计值b_0和b_i不仅是β_0和β_i的最优的无偏估计值，而且是所有线性和非线性无偏估计中的最佳值。在操作上，可以对标准化的残差进行茎叶图、直方图、P-P 图（正态概率分布图）的绘制，直观看到误差项是否服从正态分布（张文彤等，2013）。

5.1.3 关于回归模型设定的一些问题

在研究中，研究者基本无法把握十足地认为所建构的模型是完全正确的，这是社会问题和社会现象的复杂性所造成的（谢宇，2013）。设计学研究也一样。如果模型在设定阶段就存在问题，那么基于这个模型的参数估计和模型检验也很有可能是不正确的。如前文所述，回归模型的建立是以简化信息为前提的，既不能把所有影响因素不计影响力大小地全部纳入模型，也不能为了“精简”而忽略了必要的自变量。这样就有可能会面临两个问题，需要在模型验证的过程中予以识别：

（1）模型中加入了无关的自变量。在建立回归模型时将无关的自变量纳入模型中，即虽然某一个或某几个变量的回归系数为 0，但它们还是被加进了模型中。可以通过 F 检验对无关的自变量进行识别。

（2）将有关的自变量忽略。在建立回归模型时若忽略了一些与因变量的变化有关的自变量，会出现两种可能情况：一种是建模时忽视的自变量与模型中已有的其他自变量无关，这种情况下不会出现忽略变量造成的误差；另一种是建模时忽视的自变量与模型中已有的其他自变量有关联，这种情况下，则有可能忽略变量造成的误差。因此，在模型检验阶段要识别这些被忽略的自变量。

5.1.4 将基于样本得到的结论推广到总体——模型推断和假设检验

本书第 4 章中曾介绍过假设检验的基本逻辑，在回归分析中同样涉及这一过程。在研究中对用户数据进行回归分析是为了明确、描述并解释整个用户群体（本书研究面向的用户群体为具有驾驶需求与驾驶能力的中国城市老年人群体）表现出的自变量和因变量的关系。但碍于时间与经济成本，研究无法将全中国的城市老年人都纳为实验被试，而只能对招募、筛选后的样本进行分析。因此会面临一个问题：基于样本的数据所得出的结论是否可以推广至整个总体。也就是说，本书通过对 60 名经过筛选的老年人进行研究，所得到的结论是否能够反映全中国具有驾驶需求并有驾驶能力的城市老年人的真实情况呢？这就是进行模型推断和假设检验的目的（谢宇，2013）。

对于回归分析，需要进行以下四个方面的假设检验。

5.1.4.1 模型整体检验

模型整体检验，即判断根据样本数据所建立的回归模型对于总体是否也具有解释效力。模型整体的解释力可以通过判定系数 R^2（评估模型的拟合优度的指标）进行测量。R^2 的计算方法为：

$$R^2 = \frac{SSR}{SST} = \frac{\sum(\hat{y}_i - \bar{y})^2}{\sum(y_i - \bar{y})^2} \tag{5-3}$$

R^2 值即回归平方和占总平方和的比例，回归平方和［式（5-3）的分子部分］反映了能够被回归方程所解释的那部分变化，也就是在因变量的全部变化中，能够被回归模型中的自变量所解释的部分有多少。这是研究者关心的。R^2 值的取值范围为 0~1，R^2 值越大，说明模型的拟合效果越好，即可以解释的变化越多。若 R^2 值为 0，则说明模型完全没有解释力，应该否定。但作为辅助用户研究的一种工具，我们需要明确，在社会科学领域 R^2 值普遍偏低（谢宇，2013）。一些社会科学学者认为，$R^2>0.16$ 的模型已经是一个较好的模型（张文彤等，2013）。因此，在利用 R^2 值评价模型整体拟合情况时，需要针对具体研究客观对待。本实验为控制实验，对非研究变量进行了一定的控制，被试的认知水平、健康状况也控制为同一水平，因此 R^2 值应该不会特别低。

但 R^2 值是无法直接进行统计检验的。因此，需要使用 F 检验来对模型整体的线性关系进行检验。F 检验所使用的统计量称为 F 值，也是基于 R^2 值进行计算的，计算方法为：

$$F=\frac{SSR/1}{SSE/(n-2)} \tag{5-4}$$

式中，分子中的 1 和分母中的 n-2 分别表示回归平方和与残差平方和的自由度。如果通过了 F 检验，则可以认为模型整体对于研究总体来说确实存在显著的线性关系，而不是因为偶然性样本才发生（谢宇，2013）。配合 R^2 值，即可对模型的解释力进行评价。

5.1.4.2 回归系数检验

回归系数检验，即判断模型中每一个自变量对于因变量的作用是否可以推广到总体。通过样本得到的数据所拟合出的模型，可以用于推断总体的情况。原因是样本都来自于总体，原则上是随机抽取的，所以一定具有总体所具有的特征（谢宇，2013）。但实际研究中很难做到随机抽取，特别是在设计研究中，由于设计师总是为某一群体做设计，总体的分布非常广泛，很少有“为一个班级设计”或“为一个住宅小区的住户设计”这种情况出现，更多的是为女性设计、为上班族设计、为农民设计、为老年人设计这一类研究对象动辄遍布全国甚至是全球的研究课题。因此，总体抽样框是很难甚至是无法被研究者掌握的，想做到真正的随机抽样几乎不可能。但研究者会尽可能地通过严谨的抽样方法来减小抽样误差的出现概率，实现与随机抽样近似的结果，获得与总体特征差别很小的样本特征。衡量这种差别，可以使用标准误（standard error），判断样本的统计量和总体参数的差异（抽样误差）大小。如果本章研究中标准误通过检验，则可以认为通过这组样本容量为 60 人的数据所得到的结论，可以推广到该样本所代表的总体。常用的检验统计量有 T 值和 Z 值等，其中 T 检验适合小样本，Z 检验适合大样本。由于本实验被试为 60 人，样本容量并非很大，因此可以选择 T 检验。

5.1.4.3 异常值的检验

异常值指的是样本数据中对模型的参数估计和模型拟合影响较大的个体数据。直观来说，异常值的存在会导致模型的拟合结果偏向该个体，使研究结果出现偏误。因此，需要在模型诊断过程中识别这些异常值，在模型拟合时将其剔除或予以修正，以得到正确的模型和结论。

5.1.4.4 多重共线性检验

在多元回归模型中，有可能会出现多重共线性问题，即模型的自变量之间存在高度相关或者某种线性关系。如果模型中存在多重共线性，则模型拟合时偏回归系数会存在无穷多解或无解。在模型推断时，需要识别并解决多重共线性问题。不过，多重共线性会造成估计参数的标准误变大，因此如果输出的结果的标准误很小，就不需要担心多重共线性问题。

要区分是哪个或哪几个自变量引发了多重共线性问题，可以用复相关系数进行判断（谢宇，2013）。求复相关系数要用到辅助回归模型，是以待考察的自变量X_k为因变量，其他自变量为新的自变量建立模型。但用复相关系数进行判断并不直观，解释也比较复杂。通过容忍度（tolerance）、方差膨胀因子（Variance Inflation Factor，VIF）等基于 R^2 概念的统计量，可以直观地识别多重共线性问题，且每个统计量都有研究成熟的阈值。如模型中出现了多重共线性问题，可以做主成分分析减少自变量数目。

但设计研究需要注意一个问题，即对于社会科学范畴的研究而言，模型中出现多重共线性基本是无法避免的。因为自变量是关于社会、关于人的，这些自变量之间必然会具有些许相关（谢宇，2013）。一般情况下，其不会对模型造成严重的影响。只有在自变量之间的线性关系非常强烈时，才会造成多重共线性问题，需要进行识别。因此，设计研究中对多重共线性的识别标准可适当放宽。

由于多重共线性问题的存在，研究中是不能无限制地增加自变量的。除了前文所述的简约性原则，也是为了避免出现多重共线性问题。因为模型中自变量的数目越多，每个自变量能被其他自变量所解释的程度就越高，多重共线性问题也就越严重，最终导致模型无法解释（谢宇，2013）。

5.2 任务完成时间对车内人机界面系统可用性的影响

5.2.1 系统可用性

评估汽车人机界面、手机、PC、平板电脑等产品的系统可用性可使用SUS量表（System Usability Scale）。SUS量表最初由Brooke于1986年编制，由10个题目组成，包括奇数项的正面陈述和偶数项的反面陈述，要求参与者在使用系统或产品后对每个题目进行5点评分。当参与者完成一系列任务后，就可以快速对SUS量表打分。计算SUS得分时，研究者需要对每个题目的分值进行转换。对奇数项计分，用“原始得分-1”；对偶数项计分，用“5-原始得分”。由于是5点量表，每个题目的得分范围记为0~4（最大值为40），而SUS得分的范围为0~100，因此需要把所有项的转换分相加，再乘以2.5，即可获得SUS分数①。该量表是公开、免费的，整个量表题目陈述简单，只需参与者打分，实施起来非常便捷。大样本研究也表明本量表的内部一致性信度非常高，信度系数达到0.91（Lewis R. J.，2006；Zviran M. et al.，2006）。该量表非常适合用于评估汽车的人机交互界

① 可参见http：//www.woshipm.com/user-research/620426.html。

面（Yang H. et al.，2017；Li R. et al.，2017）。因此，笔者将人机界面的系统可用性作为交互水平的评价指标之一，以 SUS 量表对系统可用性进行量化。

本节研究提出原假设：

H03：实验车 B 的典型二级任务的完成时间对人机界面的系统可用性无显著影响。通过建立多元线性回归模型来判断是否需要拒绝此假设。

5.2.2 建立多元线性回归模型

二级任务的各个典型交互基本包括视觉交互、听觉交互与行为交互，对驾驶过程均具有一定影响。如交互方式不合理，二级任务会使驾驶员在驾驶过程中出现较多分心（distraction），产生操作失误（Feng et al.，2019），由此使驾驶员认为系统不具有可用性或可用性较低。特别是在视觉资源被占用时，驾驶员会倾向于采取保守驾驶，以减少认知资源的需求，这会为驾驶任务带来更多不确定性（Feng et al.，2019）。而视觉分心对驾驶员造成的影响要远高于听觉分心（Jensen B. S. et al.，2010；Richard et al.，2002）。因此，在适老化交互方式的设计与分析中，需要重点关注易造成视觉分心的交互，其次为听觉分心。在典型二级任务交互中，导航交互最易造成视觉与听觉干扰，对驾驶员的注意力与行为都有显著影响（Green，2009）。仪表识读、使用微信、切换广播、控制空调也都离不开视觉与听觉信号。另外，虽然有经验的驾驶员可以以最小限度的注意力分散来完成接打电话的操作，但这仍然会打断视觉路径，为驾驶带来风险（Richard et al.，2002）。因此，本小节首先针对此六个二级任务进行分析。

现有研究分析了导航设备的信息提示方式（听觉、视觉、听觉—视觉）对驾驶员注意力与行为的作用（Jensen et al.，2010），但关于导航操作的完成时间对交互界面系统可用性的影响尚未有深入分析。现有研究表明，无论对于中国人还是德国人，显示屏交互都是最受人们喜爱的交互方式，其次才是语音交互与实体按键交互（Li et al.，2018）。在后两种交互方式中，中国人更偏向于语音交互，而德国人更偏向于实体按键交互。由此可见，人们对不同交互方式的偏好是不同的。对于我国城市老年驾驶人来说，与传统的用手机和实体按键进行交互相比，用车载屏幕实现操作是否真的能提升车内交互界面的系统可用性亟须分析。

在对车内交互界面系统可用性的影响因素的研究中，笔者建立如下模型：

$$\hat{Y} = \alpha + \Sigma \beta_i X_i, \ i = 1, 2, \cdots, 6 \qquad (5-5)$$

式中，$\hat{Y}$表示界面系统可用性（SUS 得分）的预测值，X_i表示完成导航任务、微信任务、仪表识读任务、切换广播任务、控制空调任务、接打电话任务所花的时间。α、β_i表示未知样本参数。其中，α 是截距项，是解释自变量$X_i=0$ 时的期望，即当所有自变量对因变量都没有影响时因变量的取值，在本模型中并不关注这个参数；β_i表示每一个自变量的变化对因变量的期望的影响大小，是模型的重要信息。

在进行线性回归分析之前，需要明确想要研究的自变量与因变量之间是否具有关联性。本小节使用皮尔逊相关系数进行判断。如果自变量和因变量之间的相关性太小，则说明自变量不具备对因变量的足够的解释力，因此没有进行回归分析的必要。如果自变量和自变量之间的相关程度过高，则这些自变量之间很可能存在较为严重的共线性，只需保留一个即可。另外，线性关系也可以通过自变量和因变量之间的相关系数来反映，相关系数较大，则变量之间的线性关系比较明显。如果自变量和因变量之间相关系数非常小，说明彼此之间没有明显的线性关系，那么进行线性回归分析也就得不到有意义的结果了。实验车 B 的交互方式下，各操作指标之间的相关系数如表 5-2 所示。

表 5-2　各变量相关系数

	导航	微信	仪表	广播	空调	电话	SUS
导航	1.000						
微信	0.331*	1.000					

续表

	导航	微信	仪表	广播	空调	电话	SUS
仪表	0.348**	0.215	1.000				
广播	0.416***	0.316*	0.304*	1.000			
空调	0.572***	0.554***	0.514***	0.654***	1.000		
电话	0.325*	0.447***	0.434***	0.309*	0.476***	1.000	
SUS	0.475***	0.504***	0.471***	0.505***	0.376**	0.298*	1.000

注：*** 表示 $p<0.001$，** 表示 $p<0.01$，* 表示 $p<0.05$。

从表 5-2 中可以看到，各自变量（导航、微信、仪表识读、广播切换、空调、接打电话操作的完成时间）与因变量（交互界面的 SUS 得分）之间的相关系数在 0.298~0.504，且均为显著效应（$p<0.05$），即存在一定的相关性和线性关系。各自变量之间并无过大的相关性，可以尝试建立线性回归模型。

5.2.3 模型拟合

使用 Stata 15.0 软件建立多元回归模型。结果如表 5-3 所示。

表 5-3 系统可用性回归模型

	系数	标准误	T 值
截距项（***）	29.246	6.665	4.39
导航（**）	0.72	0.236	3.05
微信（***）	3.414	0.693	4.93
仪表（***）	2.789	0.641	4.35
广播（*）	1.247	0.282	4.42
空调（***）	-1.564	0.387	-4.04
电话	-0.538	0.547	-0.98

注：*** 表示 $p<0.001$，** 表示 $p<0.01$，* 表示 $p<0.05$。

由此，本模型可以写成式（5-6）：

$$\widehat{Y}_1 = 29.246 + 0.72X_1 + 3.414X_2 + 2.789X_3 + 1.247X_4 - 1.564X_5 - 0.538X_6 \quad (5\text{-}6)$$

表 5-3 用星号注明了统计量的显著性水平。根据统计学理论，显著性水平为 0.05，则这个变量对因变量产生影响的置信度是 95%（张政，2009）。从表 5-3 可见，除接打电话任务的完成时间的影响为不显著，其余五个自变量均为显著效应，因此应该拒绝原假设 H03。研究表明，在该交互方式之下，导航、微信、仪表识读、广播、空调任务的完成时间对界面的系统可用性的变化均有显著影响。其中，“调整空调”任务完成时间的影响为负，即空调任务完成时间越长，SUS 得分越低，说明空调操作所需时间更长的用户，对系统可用性的体验会更差。实验车 B 的空调操作虽然是触摸板交互，但触摸区几乎完全延续了实体空调面板的布局，用户可以延续传统的认知模型，因此可能带来这一结果。其余显著自变量的回归系数均为正数，表示这些自变量对系统可用性的影响是正向的。在实验车 B 中，这些交互均发生于中央触屏上，使用体验完全区别于传统实体交互。而视觉与听觉提示信息的丰富，在一定程度上更易使用户感到满意和可用。因此，动作精确在用户体验中占有更高的权重，即完成时间较长、操作更精确，会带来较高的可用性感受。这是其他任务的完成时间对 SUS 得分的影响均为正向影响的可能性原因之一。

几个回归系数的含义是：导航操作完成时间每增加 0.72 个单位，或微信操作完成时间每增加 3.414 个单位，或仪表识读完成时间每增加 2.789 个单位，或切换广播完成时间每增加 1.247 个单位，或控制空调完成时间每减少 1.564 个单位，系统可用性会增加 1 个单位。可以理解为，除前文论述过的具有一定特殊性的空调操作外，其余二级任务交互的完成时间越长，在其影响下系统可用性也会越高。这也再一次表明，在车内交互行为中，某种交互方式下的任务完成时间与承载该交互方式的人机界面的系统可用性是有很大关系的，符合相关理论。这个结论也为设计师提供了可靠的理论参考。

从模型中可见，对系统可用性影响最大的变量是微信任务完成时间。如前文所述，虽然驾驶过程中使用微信会带来危险，但由于人们对微信依赖性较强，少有驾驶人能自觉放弃微信。研究表明，使用语音回复微信，车道偏移量更大，且呼吸频率和呼吸幅度都比正常驾驶时更高，反映了更高的心理负荷与紧张程度（朱国文等，2017）。但为什么任务完成时间越长，系统可用性得分反而越高呢？这里可以尝试用驾驶风格理论来解释。年龄较大的驾驶人通常比较为年轻的驾驶人更加谨慎和小心（赵晓华等，2013），往往为“适应性”驾驶风格。该驾驶风格的驾驶人，行为安全谨慎，分心、焦虑出现较少（刘晶等，2015），因此更偏向于在稳定的情况下，用较长的时间完成二级任务。对于带有视觉反馈的运动，较长的操纵时间可以带来更高的动作精度（赵江洪，2007），间接提高了用户对系统可用性的感受。本小节揭示出，对于老年驾驶人，微信操作的稳定性、动作精确度对系统可用性的提高非常重要。

5.2.4 模型检验

5.2.4.1 模型整体检验和回归系数检验

如前文所述，为了对模型进行检验，需要用到 F 检验和 T 检验。F 检验是对模型整体的检验，T 检验则是对某一个自变量与因变量之间的线性关系的检验。F 检验的原假设是“所有变量的回归系数均为 0”，如果这个假设不能被拒绝，说明这个模型是没有价值的。对本模型进行 F 检验后，得到结果为：$F=14.511$，$p<0.001$。从结果中可以发现，模型的 F 统计量非常显著，说明此模型具有统计学意义。F 值也表达了模型中因变量被解释的部分，这反映了自变量和因变量之间的线性关系。本模型的 F 检验的显著性水平说明自变量和因变量之间的线性关系非常显著（谢宇，2013）。T 检验结果在表 5-3 中有所体现，可以发现在六个自变量中，五个具有显著效应，即相应的 β 系数的解释均是有意义的。只有“接打电话任务完成时间”不显著，解释时需要谨慎对待。

在拟合优度检验上，本模型的决定系数 $R^2=0.622$。R^2 值可以反映模型拟合度，表示的是自变量被因变量的解释程度。在此模型中，$R^2=0.622$ 表示在界面系统可用性的取值变化的影响因素中，X_1（导航任务完成时间)、X_2（启动微信并进入与研究人员的对话窗口的操作完成时间)、X_3（仪表识读完成时间)、X_4（切换广播操作完成时间)、X_5（控制空调操作完成时间)、X_6（电话铃响到驾驶员接通电话所花的时间）这六个变量可以解释约 62.2%，说明这个模型具有较高的解释力度。

5.2.4.2 异常值检验

模型建立起来之后，可以通过残差分析来检查数据中的异常值。异常值是指与模型严重偏离的数据点。异常值会造成强影响点，会导致模型向该数据点偏移，使研究结论产生偏误。从统计学上来说，标准化残差的绝对值如果大于 3，则可以肯定该条数据是一个强影响点（张文彤等，2013)，需要进行处理。通过计算标准化残差，发现本回归模型中的标准化残差绝对值最大为 $\varepsilon = 2.464$，小于 3，这表示所有被试的残差均小于 3 倍标准差，因此可以认为本模型中并没有异常值造成的强影响点。

5.2.4.3 多重共线性检验

用于评价多重共线性问题的指标一般有两个：容忍度（tolerance）和方差膨胀因子（Variance Inflation Factor，VIF)。容忍度也叫容差，数值越小，则模型的多重共线性越严重。研究显示，当容忍度小于 0.1 时，模型存在严重的多重共线性问题。方差膨胀因子是容忍度的倒数，统计学上认为方差膨胀因子不应大于 5。本模型的容忍度和方差膨胀因子表明模型并没有严重的多重共线性问题（见表 5-4)。

表 5-4　回归模型的多重共线性检验

自变量	方差膨胀因子	容忍度
导航操作完成时间（X_1）	1.507	0.664
微信操作完成时间（X_2）	1.598	0.626
仪表识读完成时间（X_3）	1.508	0.663
广播操作完成时间（X_4）	1.774	0.564
空调操作完成时间（X_5）	3.145	0.318
接打电话完成时间（X_6）	1.508	0.663

5.2.4.4 残差独立性检验

建立线性回归模型的基本假设之一是各观测值的残差之间要满足独立性，即任意两个观测值的残差的协方差为0。也就是说，各个自变量的残差是不存在自相关的，这样才能满足A2假定。因此需要对残差独立性进行检验。这里笔者采用Durbin-Watson检验。Durbin-Watson检验的统计量取值范围为0~4，具体应用需要查阅相应的临界值表，将模型中得到的统计量与相应的上下界值进行比较。若模型的Durbin-Watson统计量大于临界值上界，则可以说明残差间相互独立；若模型的统计量小于临界值下界，则可认为残差间存在自相关；若统计量处在上下界值之间，则需要增加样本量才能得到可靠的结论（张文彤等，2013）。Durbin-Watson检验的统计量临界值与研究所需的显著性水平、自变量的数目、观测值的数目这三个要素有关，在本小节中，设定显著性水平为0.05，模型有6个自变量，60个观测值。通过查表，可知Durbin-Watson统计量的下界为1.372，上界为1.808。

本模型的Durbin-Watson统计量值为2.006，大于临界值上界，因此可以认为本模型的残差项相互独立。

5.2.4.5 线性假定的检验

如前文所述，线性回归模型要求自变量与因变量之间存在线性关系。如果将与因变量之间不具有线性关系的变量纳入模型，拟合出的模型是没有意义的，也就达不到研究的目的。笔者通过绘制散点图的方式来直观了解本模型各变量之间的线性关系强弱（见图5-1）。

从最下排散点图可以发现，各自变量与因变量之间均存在一定程度的线性关系，运用软件，笔者拟合了回归线来表现该关系的集中趋势。本散点图矩阵直观呈现了研究变量之间的线性关系强度，同时也暴露了一些问题。在今后的研究中，如能增大样本量，或进一步强化实验控制，模型的质量应该会更好。

5.2.4.6 正态分布检验

线性回归分析的基本假定之一是误差项服从均值为零、方差为σ^2的正

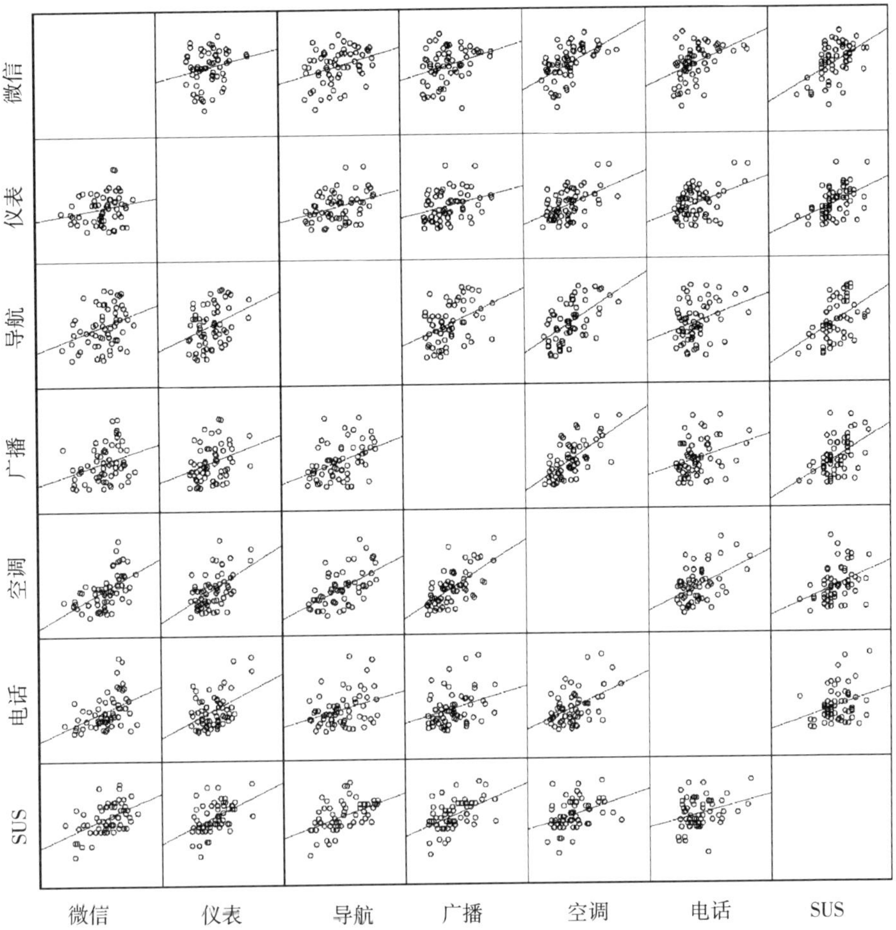

图 5-1 各自变量与因变量的线性关系

态分布（A3 假定）。本模型的误差项的分布如图 5-2 所示。

图 5-2 中曲线为正态分布拟合曲线，从中可以看到模型的误差项在多大程度上趋近于正态分布。为了更具体地评价分布的好坏，笔者对误差项进行了 Swilk 检验。Swilk 检验（Shapiro-Wilk W test）的原假设为检验对象服从正态分布，检验统计量为 W 值，如果 $p<0.05$，则拒绝原假设，无法认为检验对象服从正态分布。需要注意的是，使用本检验方法，我们往往是希望统计量不显著。本模型的 Swilk 检验结果为：$W=0.936$，$p=$

0.075。p 值大于 0.05，不能拒绝原假设。结果显示，本回归模型是满足 A3 假定的。

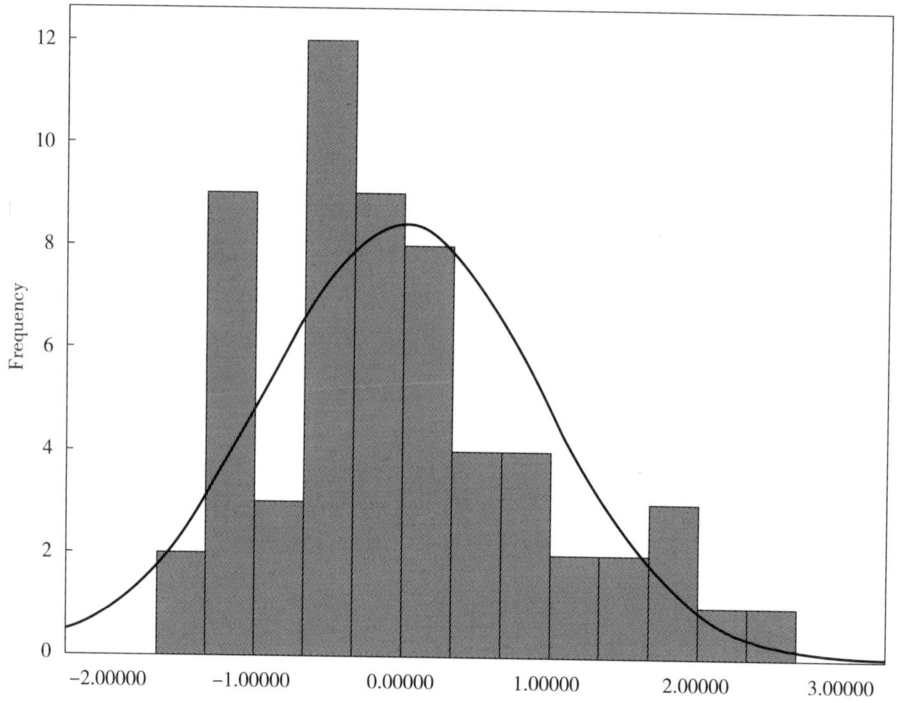

图 5-2　回归模型误差项分布直方图

5.2.5　讨论

从拟合后的模型可以发现，本交互方式下的X_1（导航任务完成时间）、X_2（微信任务完成时间）、X_3（仪表识读完成时间）、X_4（广播任务完成时间）均对车内交互界面的 SUS 得分有显著正向影响，X_5（空调任务完成时间）对 SUS 得分为显著负向影响，推翻了原假设 H03，印证了与之相应的备择假设：本交互方式下的任务完成时间对界面的系统可用性存在影响。

根据人的驾驶过程信息处理模型（见图 2-3），较短的操作时间可以缩短驾驶人的信息处理过程，在驾驶过程中更为合理地匹配心理资源，有效处理并解决道路信息所带来的压力。但对于车辆驾驶来说，完成交互动作的精度同样很重要。根据相关理论，对于具有视觉反馈的运动，精度主要与运动时间有关，即如果能给予足够长的时间，运动精确性都会较高（赵江洪，2007）。研究表明，年龄较大的驾驶人通常比较为年轻的驾驶人更加谨慎和小心（赵晓华等，2013）。另有国内研究发现，随着年龄的增长，动作时间会变长（张殿业等，2004）。相应地，这种特性应该会在一定程度上使老年驾驶员的动作精度有所提高，因为他们会谨慎地花费更长的时间用于修正、完成一个动作。因此，与快速完成任务相比，动作精度会有更显著的作用。这在一定程度上可以解释为什么老年人的导航、微信、仪表识读、广播任务完成时间与界面的系统可用性呈正相关。

单纯从操作的角度来说，本交互方式的短时间操作是可取的。模型的拟合优度 $R^2=0.622$，即有大约 2/3（62.2%）的系统可用性的变化可以由这六个任务的完成时间的变化所解释。那么，其余的约 37.8%的不能由这六个变量所解释的变化，需要在设计中进一步评估。如以中控屏幕的手势交互为主的交互方式中，物理反馈有所缺失，可能造成本交互方式的 SUS 得分下降。在设计过程中，可以以本交互方式的操作为出发点展开设计，在此基础上考虑其他因素，如屏幕造型形式与信息搜索绩效的关系等。在本章 5.4 节会深入讨论这一部分。

5.3 任务完成时间对车道保持水平的影响

5.3.1 研究意义

车内交互除了会影响到驾驶人对界面系统可用性的体验之外，也会对驾驶过程中的车道保持水平有所影响。研究表明，二级任务对驾驶人车道保持综合水平与换道控制综合水平的影响非常明显（刘伟等，2015）。车道保持水平也是评价交互方式的一个指标，一个合理的交互方式应占用较少的认知资源，使驾驶员有更充分的精力去应对驾驶目标。车辆的可控性更高，车道保持水平也会更好。本节通过 Logistic 回归模型，研究本交互方式下，老年驾驶员的任务完成时间对车道保持水平的影响。

车道保持水平是指在实验中遵循指定路线平稳驾驶的能力。在驾驶中，需要控制车辆与路面其他单元进行互动，包括行人、路障、信息提示设施、建筑物、其他车辆等。因此，能够遵循一定的路线驾驶是驾驶安全的保障，也是车内交互方式合理性的一种表现。

5.3.2 Logistic 回归方程与分析方法

虽然线性回归模型可以在研究中发挥了非常大的作用，但这种模型存在一些限制。例如，因为要用最小二乘法对模型参数进行估计，线性回归要求因变量具有定距测量尺度，即因变量必须是定距型数据或定比型数据（谢宇，2013），如年龄、时长、收入等，这样才能满足 A2 假定（不同自变量的误差项具有相同的方差）和 A3 假定（自变量的误差项服从正态分布）。但在设计研究中，所要分析的因变量可能是定类型数据或定序型数据，即因变量只能在几种可能的数值中取其一，而不能取到任意值，如本节研究中的“车道保持水平”变量，根据研究需求与相关研究结论（刘伟等，2015），只采 0 和 1 两种取值，0 代表无法有效保持车道，用于记录实验过程中偏移车道 2 次及以上的个体；1 代表可以保持车道，用于记录实验过程中偏移车道 0~1 次的个体。这两个取值并没有数学上的含义，只能表示车道保持水平优劣的顺序，而不能对 1 和 0 进行数学上的计算。当因变量是定类型或定序型数据时，因变量和自变量之间就不再存在线性关系，因此也就不能再使用线性回归模型。当建立线性回归模型遇到问题时，可以对因变量数据进行转换，使之成为满足回归模型假定条件的数据。Logistic 回归就是一种常用的解决问题的方法。

对于本节所要探讨的“车道保持水平”问题，首先可以判断其为有序二分变量，对车道保持水平的研究不能再使用线性回归模型，但可以使因变量从“某一取值”转换为“某一类取值发生与不发生的发生比率（odds）的对数”。用这个对数与自变量之间建立线性回归，这个模型就是Logistic 回归模型。Logistic 回归模型解决了定类型或定序型因变量所带来的异方差性问题和非正态性问题，取值也没有限制，可以用于分析车道保持水平问题，对于设计研究中涉及的很多类似问题具有一定启发性。

虽然 Logistic 模型可以很好地反映一些问题，但由于使用了对数变换，因此参数的含义会比较复杂，对参数进行解释的时候不再像线性回归模型一样直观。为便于在设计研究中灵活使用该模型，需要明确模型中涉及的一些概念。Logistic 模型的形式如式（5-7）所示：

$$\text{Log}\left(\frac{P}{1-P}\right)=\alpha+\sum\beta_i X_i \tag{5-7}$$

式中，α 和β_i是待估参数，因变量 $\text{Log}\left(\frac{P}{1-P}\right)$可写作 Logit P，表示因变量的某种取值发生的概率 P 与不发生的概率 1-P 之比值的对数。其中，β_i表示每一个自变量的变化对因变量的期望的影响大小，即自变量X_i每改变一个单位，发生比的自然对数的改变量，是模型的重要信息。α 是截距项，是$X_i=0$ 时的期望，即当所有自变量对因变量都没有影响时因变量的取值，在回归模型中并不十分关注。在模型检验中，如果截距项表现为不显著，可以不去解释。模型拟合后，可以用发生比（odds）和发生比值比（Odds Ratio，OR）来解读模型。

（1）发生比（odds）。模型中，P 表示研究问题（因变量）的某一取值发生的概率，（1-P）表示这一取值不发生的概率。比值 $\omega=P/(1-P)$ 就是某一取值的发生比率，也叫发生比。因为 Logistic 模型对发生比进行了对数转换，所以待估参数的解释就不再直观。因为模型拟合后，输出的β_i表示的是某一自变量（X_i）对发生比对数的期望的影响，人们很难理解这到底意味着什么。对于设计研究和设计过程来说，这样的结论的应用意义比较有限。因此，为了直观展现结果，直接读取数据所反馈出的信息，可以使用“发生比值比”。

（2）发生比值比（OR）。两个发生比的比值称为发生比值比，也叫优势比。Logistic 回归系数与 OR 值有着更直接的关系，使用 OR 值来解释模型可以使 Logistic 回归系数具有更加贴近实际的解释，也使该模型得到更为广泛的应用（张文彤等，2013）。OR 值表示的是自变量X_i每变化一个单位，某一取值的发生比是变化前的相应发生比的倍数。大于 1 的发生比值比表示某一取值所出现的可能性会增大，即自变量的变化对事件的发生概率存在正的影响；小于 1 的发生比值比表示某一取值所出现的可能性会减小，即自变量的变化对事件的发生概率存在负的影响（王济川等，2001）。

5.3.3 建模

现有研究表明，导航中输入地址的不同方式（语音、打字等）会影响驾驶员的行为，其中打字会显著增加横向偏移，而语音输入会降低驾驶员对车辆的控制力（Tsimhoni et al.，2004）。进入导航、打字输入地址，都严重有损于驾驶员的风险感知能力与车辆控制能力（Owens et al.，2011；Yager et al.，2011）。此外，接电话也会影响驾驶员的驾驶表现，接电话时的信息处理能力与车辆控制能力（保持车道、速度等）是降低最严重的方面（Collet et al.，2010）。而使用 MP3、广播等影音娱乐设备，同样会造成车辆控制力降低，车道出现偏移，特别是在播放清单较长的时候（Lee et al.，2012）。观察/识读电子仪表信息占用视觉资源较多，经常在驾驶员不经意间造成驾驶分心，其对车道保持水平的影响目前研究较少。相对而言，调节空调、使用微信任务的发生频率较低，自主性较强，对车辆控制力的影响不是很大。根据以上理论，本节研究车道保持水平与该交互方式下几个任务完成时间之间的关系，包括导航任务完成时间（X_1）、仪表识读完成时间（X_3）、切换广播任务完成时间（X_4）和接打电话完成时间（X_6）。

本节建立原假设 H04：X_1、X_3、X_4、X_6这几个自变量对因变量（车道保持水平）无显著影响。由于车道保持水平是一个二分变量，不服从正态分布，因此采用二分类 Logistic 回归模型进行分析，判断是否拒绝原假设 H04。建立如下模型：

$$\mathrm{Log}\left(\frac{P}{1-P}\right)=\alpha_L+\beta_{L1}X_1+\beta_{L2}X_3+\beta_{L3}X_4+\beta_{L4}X_6 \quad (5-8)$$

式中，P 表示“无法有效保持车道”这一事件发生的概率，1-P 表示“无法有效保持车道”这一事件不会发生的概率。取对数后，等式左边的部分即为车道保持水平的 Logit P。在等式右边，α_L是截距项，表示各个自变量均对 Logit P 无有效作用时，Logit P 的取值。X_1、X_3、X_4、X_6分别表示导航任务完成时间、仪表识读完成时间、切换广播任务完成时间、接打电话完成时间四个自变量，是已知数。β_{L1}、β_{L2}、β_{L3}、β_{L4}是 Logistic 回归系数，分别表示四个自变量对 Logit P 的影响大小，是需要模型估计的参数，也是对后续的内饰设计有重要意义的信息。

5.3.4 模型拟合

使用 SPSS 25.0 拟合模型，并进行 Wald 检验，得到结果如表 5-5 所示。

表 5-5 车道保持水平的 Logistic 回归模型

	β	OR 值
导航（**）	-0.733	0.481
仪表（*）	0.894	2.445
广播（*）	0.981	2.667
电话（*）	1.364	3.912
Constant（*）	5.162	174.513

注：** 表示 $p<0.01$，* 表示 $p<0.05$。

从结果中可以看到，对于本交互方式，只有导航任务完成时间（X_1）对 Logit P 为负影响，其余三个自变量均为正影响，其中电话任务完成时间（X_6）的影响较大（$|\beta_{L4}|>1$），说明接打电话所需时间的变化会使老年驾驶人无法有效保持车道的概率发生较大的变化。由于电话是一种语音信息，根据 5.3.3 部分的综述内容可知，语音输入易使驾驶员对车辆的控制力降低，且对驾驶员的注意力影响非常大，如驾驶员在集中精神完成驾驶任务时需要处理语音交互，则有很大可能会影响到车道的保持，因此X_6的

回归系数最大，与前人研究相符。经过 Wald 检验，可见四个自变量的 Wald 统计量均为显著（$p<0.05$），说明这些β_L系数都是显著有效的。因此，应该拒绝原假设 H04。在本交互方式下，导航任务完成时间（X_1）、仪表识读完成时间（X_3）、切换广播任务完成时间（X_4）和接打电话完成时间（X_6）这几个自变量对车道保持水平均存在显著影响。

由于导航任务完成时间（X_1）是负影响，说明任务完成时间越长，老年驾驶人越容易出现“保持车道”（取值为 1）；而操作完成时间越短，则无法保持车道的概率（取值为 0）越高。由于在触屏上使用导航是一种带有视觉反馈的精确操作，这里不能简单地用驾驶过程信息处理模型来解释。较长的操作完成时间，可以带来更高的动作精确度，车道保持水平也会比较稳定。

将所得结果代入式（5-8），得到式（5-9）：

$$\mathrm{Log}\left(\frac{P}{1-P}\right)=5.162-0.733X_1+0.894X_3+0.981X_4+1.364X_6 \quad (5-9)$$

通过模型可以看出，导航操作时间越长，或仪表识读/调节广播/接打电话完成时间越短，老年驾驶员无法有效保持指定车道的可能性的发生比对数就会越低，即取值为 1（可以有效保持车道）的概率越高，更容易出现“有效保持车道”。

为了直观地分析问题，可以使用 OR 值。从 OR 值可以看出，对于本交互方式，导航任务完成时间每增加一个单位，“无法保持车道”这个事件的发生比会减小为之前的 0.481 倍；而仪表识读、调节广播频道、接打电话的完成时间每增加一个单位，“无法保持车道”这个事件的发生比会增加到之前的 2.445 倍、2.667 倍和 3.912 倍，即可能性大幅提高了，更有可能发生“无法保持车道”这一事件。因此，我们总是希望这三个操作的所需时间越短越好。而导航操作的时间可适当长一些，以保证足够的动作精确度。

从 5.2 节可知，对于车内人机界面的系统可用性来说，大部分任务完成时间有着正向影响，即任务完成时间越长的驾驶人，越倾向于对人机界面的可用性做出较高评价。但通过本小节研究可以发现，车内二级任务的完成时间不完全是越长越好。对于车道保持水平，由于涉及注意力与信息处理等问题，在很大程度上任务完成时间还是应该短一些，会带来更好的车道保持水平。车内交互的作用机理的复杂性也体现在这里。具有宜老性的交互方式应该使老年驾驶员具有较大的“能够有效保持车道”的概率，因此在设计的过程中，需要参考本交互方式下的操作与信息识别任务，有利于实现适老化设计。

5.3.5 模型诊断

5.3.5.1 Logistic 模型的诊断方法概述

使用 Logistic 模型进行分析，是为了更加明确问题的本质，得到正确的结论。因此，在工业设计研究中，需要重视模型的诊断。不能看到结论之后就直接推断，而应该仔细分析模型本身的合理性和可靠性。与线性回归模型的“假设检验”一样，Logistic 模型在拟合并获得结论之后同样需要对模型进行评价和诊断，以保证统计推断的可靠性。

（1）模型效果。与线性回归模型一样，建立模型之后需要尽量确保模型所引入的自变量是对因变量的变化有重要作用的变量，并将影响很弱甚至是没有影响的变量拒绝于模型之外。可以使用三种检验方法进行检验：Wald 检验、似然比检验（Likelihood Ratio Test）和比分检验（Score Test）（张文彤等，2013）。

Wald 检验的原假设是β_i服从正态分布，即线性约束成立。该检验虽然比较直观、易于理解，但检验效果不是特别理想（张文彤等，2013）。似然比检验是用-2 倍的极大似然值对数来检验模型的，值越小，越接近于 0，表示模型的拟合效果越好（张文彤等，2013）。似然比检验综合考虑了整个模型的拟合情况，其结果的可靠性是最高的。而比分检验结果与似然比检验一般都比较一致，检验时取其一即可（张文彤等，2013）。

为了直观、方便地反映模型的效果，统计学家计算出了基于模型似然值的“伪决定系数”（Pseudo R^2），包括 Cox & Snell R^2 和 Nagelkerke R^2。这一类系数的解释方法与线性回归模型的决定系数 R^2 是类似的，都反映了模型中能够被自变量的变化所解释的因变量的变化，但伪决定系数一般都较小（张文彤等，2013），因此需要结合其他指标综合进行分析，客观评价模型和结论。

（2）拟合优度。明确模型的效果之后，还需要探讨模型的拟合优度。拟合优度主要指模型从研究所用的数据中所提取的信息的充分性。一般认为，从数据中提取到越充分的信息，拟合出的模型越有可能趋近于准确。考察当前建立的模型是否可以根据现有的数据和资料进一步改善，使预测精度更高一些，也可以通过拟合优度的评价来进行（张文彤等，2013）。这是由于模型是来自数据的，对拟合优度的评价其实就是对当前模型与饱和模型的差距是否具有统计学意义进行检验。当然，拟合优度好的模型，只能说明模型从数据中提取了更加充分的信息，并不能保证模型的预测性更好。因此，仍然需要结合模型效果检验进行评价。

Hosmer-Lemeshow 检验经常可以应用于自变量中包含连续型变量的模型（张文彤等，2013）。本节的主要分析变量为各个二级任务的完成时间，均为连续型变量，因此选用本检验方法较为合适。检验标准是看检验结果的 p 值。由于 Hosmer-Lemeshow 检验的原假设是“实际值与模型的拟合值之间的差别很小”，因此不希望推翻原假设，统计量不显著（$p>0.05$）为好。若 $p>0.1$，则说明模型的拟合优度非常好。

（3）多重共线性。与线性回归分析一样，Logistic 回归也是存在多重共线性问题的。可以使用与线性回归分析相同的方法来发现多重共线性问题（王济川等，2001），一个比较简便的方法是使用 Logistic 模型的 Y 和 X_i 建立线性回归模型，并进行多重共线性诊断。如果确实出现了多重共线性问题，则需要处理后再重新拟合 Logistic 模型。

5.3.5.2 本节 Logistic 模型的诊断

（1）模型效果。对模型效果的评价采用似然比检验。这是因为似然比检验综合考虑了整个模型的拟合情况，其结果的可靠性是最高的（张文彤等，2013）。在 SPSS 的输出结果中，“模型系数的综合检验”表格中的卡方统计量即为似然比检验的结果，即当前模型与只有常数的模型之间的对数似然值乘以-2 的结果。从结果来看，本模型整体是非常显著的（p<

0.001)。

如前文所述，Cox & Snell R^2 和 Nagelkerke R^2 值虽然与线性回归模型中的决定系数 R^2 并不相同，但也可以在一定程度上反映出当前模型中因变量的变化能够被自变量所解释的比例，从模型解释力的角度描述了模型的整体效果（张文彤等，2013）。本模型的 Cox & Snell $R^2=0.173$，Nagelkerke $R^2=0.224$，说明在 Logit P 的变化中，有大约 17%或 22%的变化可以由这四个自变量来解释。

（2）拟合优度检验。对本模型进行 Hosmer-Lemeshow 检验，结果显示卡方统计量为不显著（$p>0.05$）。检验结果表明无法推翻原假设，说明实际值与模型的拟合值之间确实差距很小，模型拟合较好，从数据中提取了较为充分的信息。即使用这个模型来预测这几个自变量实际上对 Logit P 的影响是可信的。

（3）多重共线性检验。为检验 Logistic 回归模型的多重共线性，可以使用本模型中所使用到的变量建立线性回归模型，以线性回归模型的多重共线性检验结果来判断本模型的自变量之间是否存在多重共线性问题（张文彤等，2013）。建立模型（5-10）：

$$\widehat{Y}=\alpha+\beta_1X_1+\beta_2X_3+\beta_3X_4+\beta_4X_6 \tag{5-10}$$

拟合模型后，计算线性回归模型的容忍度和方差膨胀因子，结果如表 5-6 所示。本模型的容忍度和方差膨胀因子表明自变量之间并没有多重共线性问题。

表 5-6　多重共线性检验

自变量	方差膨胀因子	容忍度
导航操作完成时间（X_1）	1.323	0.756
仪表识读完成时间（X_3）	1.330	0.752
广播操作完成时间（X_4）	1.281	0.781
接打电话完成时间（X_6）	1.315	0.760

5.3.6 讨论

本节研究的是对于车道保持水平，二级任务的完成时间有多大的影响。研究发现，导航任务完成时间具显著负影响，仪表识读完成时间、切换广播任务完成时间、接打电话完成时间均为显著正影响。由此拒绝了原假设 H04，印证了在驾驶过程中，本交互方式下的导航、仪表、广播、电话四种交互行为对车道保持水平均有显著影响。

由于“0”取值表示无法有效保持车道，本节构建的 Logistic 模型也就说明了导航任务完成时间越长或仪表识读/调节广播/接打电话的完成时间越短，能有效保持车道的概率也会越高。在 5.2 节中，研究发现对于界面的系统可用性，除空调操作之外的其他具有显著效应的操作均为正影响，说明用户操作完成时间越长，此界面的感知可用性越高。但对于车道保持水平，很大程度上较短的操作时间会带来更好的车道保持水平。其中导航操作比较特殊，由于视觉反馈发挥着重要的作用，且涉及更为精确的操作，因此较长的任务完成时间对车道保持水平才比较有利，5.2 节也表明导航任务的完成时间对界面的系统可用性得分为显著正向影响。在设计过程中，需要基于以上结论进行创意发散，并思考这些现象背后的原因。

由于该交互方式下的主要二级任务的交互对象均为屏幕（仪表显示器、中央显示屏），在确定了适老化交互方式并分析了车内交互行为的作用机理之后，为进一步明确屏幕与视觉反馈所起到的作用，还需对该交互方式的核心构件——中央显示屏与仪表的布局与形式进行初步分析，挖掘用户在与界面发生交互时的眼动数据，分析其注视时间、注视次数等特征，以找到信息搜索绩效较高的屏幕形式。

5.4 屏幕形式初探与设计建议

互联网技术的发展带动了车载互联系统的进步。从早期的小尺寸液晶单色信息显示屏到今天的 HD 高清大屏、IPS 显示屏，显示屏幕的进化实质是操作系统的升级。如今以互联网企业为主力的车载系统设计，逐渐改善了原本单调的车载影像娱乐设备。随着互联网技术的进步，显示屏的显示面积也在不断增大，仪表板系统的用户关注度也在不断提升（王博伦，2016）。由于驾驶场景的特殊性，用户只能用离车机最近的一只手去操作，而无法像使用手机那样，用另一只手或者双手操作。这也就决定了在设计车机系统的功能入口时，需要考虑用户的偏向性。图 5-3 中，颜色越深的区域表示用户偏向性越强。热区面积仅供参考①。这也会影响视觉信息的排布，为屏幕形式与界面布局的设计带来了新的议题。

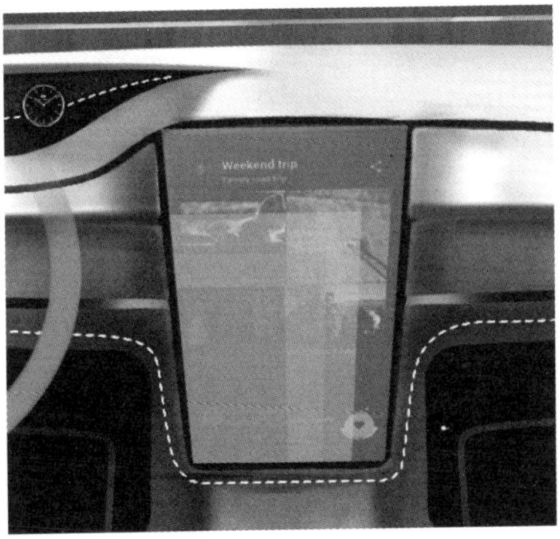

图 5-3　车载系统的操作热区

本实验所使用的车辆（大众速腾 2019）为嵌入式横向单屏，代表性比较有限。因此，本节采集了共计四种典型中央显示屏的用户数据。目前车载大屏形式繁多，各个车企为了提升产品的设计品质，纷纷推出了极具视觉冲击力的屏幕，新的屏幕形状层出不穷，屏幕面积、角度也各有差异，但对交互作业绩效的研究较少。总体来看，可分为嵌入式屏（屏幕融入仪表面板造型中）与悬浮式屏（屏幕以独立或半独立的方式与仪表面板相

① http：//www.woshipm.com/ucd/1015530.html。

连）两类。从屏幕形状出发，有“长屏”“方屏”“竖屏”等。从交互方法出发，包括只带有视觉反馈的触屏、带有触觉反馈的触屏、体感交互屏幕等。从屏幕数量来看，又分为单屏、双屏、多屏等。基于平台思维和解构主义设计理念，概念车中出现的屏幕形式更是不胜枚举，横跨整个仪表面板的巨型屏幕也陆续问世（如 QUANT e-Sportlimousine 概念车），但出于适老化设计、作业绩效优化与解决驾驶注意力分散问题的考虑，该类屏幕在短期内用户接受度恐怕不会很高。

本节运用焦点小组方法，确定了四种典型性车机屏幕形式，用于眼动实验和感性评价。确定典型性屏幕的原则为：①该屏幕形式较为常见，消费者比较熟悉，以避免被试因屏幕过大、造型过于前卫而产生较低的技术接受水平；②该屏幕形式受汽车爱好者关注，在网络上易于找到发烧友所做的测评报告；③搭载该屏幕的车辆为量产车而非概念车。

经过讨论，最终选定的待测试屏幕形式为横向单屏、纵向单屏、纵向双屏、仪表区—中控区连屏四种。测试屏幕均为嵌入式屏，是考虑悬浮式屏（如宝马 740Le、奥迪 A4L 等的车机屏幕）独立于或半独立于仪表面板，设计变量比较多。为明确问题，本书选择嵌入式屏为切入点。所采集的用户数据包括发生交互时驾驶员的眼动数据（客观测量）与喜好度得分（主观测量）。通过方差分析判断四种屏幕下数据差异的显著性，探索宜老型屏幕形式。研究表明，当需要比较两组以上的数据均值时，方差分析比 T 检验更为适宜（Field，2013）。对通过检验的变量，可进行事后多重检验（post hoc），选用 LSD 等方法判断四种处理（屏幕形式）之间两两比较的差异是否具有显著性。

由于待测试屏幕的面积差异较大，眼跳类指标的解释力比较有限，因此本节研究所使用的眼动数据以注视类指标为主。待评估指标包括屏幕（兴趣区）注视时间、交互时的平均瞳孔直径与注视次数。一般而言，在信息重要性、吸引力一定的情况下，注视时间越长，表明提取信息越困难。兴趣区中总注视次数越多，反映出该界面的搜索效率越低，表明被试对目标信息越不能确定。瞳孔直径信息比较难以解释，目前在交互设计领域，瞳孔直径所能反映的认知加工信息（兴趣、负荷等）存在一定争议，需要配合其他指标进行分析。

在参与实验的60名被试中，选取驾驶经验比较丰富并具有多种触屏交互经验的初老期与老年期驾驶员16名，在车内进行屏幕交互实验。实验仍然使用真车，但不再上路驾驶，而是在车内请被试完成五种典型交互任务：导航、微信、仪表识读、广播、电话（空调控制主要由面板上的实体按键来完成，因此在本节研究中略去此任务），记录其眼动特征。

采集数据的方法为，租赁搭载有四种待测试屏幕的汽车，16名被试佩戴好德国SMI头戴式眼动仪并配合研究人员完成校准工作，采样频率为120Hz。在引导人员的辅助下，被试逐次在四部车内完成指定的五项交互任务。实验完成后，请被试评价每一种屏幕形式，对五项任务的喜好度分别进行打分。按李克特7级量表，赋予分值1~7。为避免被试由于界面设计（选项卡、标签、信息层级等）不同而在认知与行为路径上产生差异，本节使用carlife或carplay在研究人员的手机与测试车辆的中控屏幕之间建立车机互联。因此，被试在四种屏幕上的交互任务基本一致，只有屏幕形式存在差别。所租赁的四款车辆分别为：①本实验的实验车B——大众速腾2019（横向单屏），使用carlife实现车机互联；②荣威RX5（纵向单屏），使用carlife实现车机互联；③英菲尼迪Q50（纵向双屏），车主已加装carplay模块，使用carplay实现车机互联，采用上屏显示；④君马S70（仪表区—中控区连屏）。所选的四款车型均非高端车型，且在设计语言上具有一定近似性，以避免内饰材质和肌理的美学水平差异过大，造成喜好度评分不准确。研究结果如表5-7至表5-10所示。

表5-7　四种屏幕交互时的平均注视时间　　单位：秒

	横向单屏	纵向单屏	纵向双屏	仪表—中控区连屏
导航操作（**）	0.981	1.132	0.635	0.676
微信操作（**）	1.232	1.074	0.921	0.815
仪表识读（*）	1.124	1.186	0.973	0.942
广播（*）	1.176	0.944	0.88	0.719
电话（*）	0.916	1.213	0.678	0.826

注：**表示 $p<0.01$，*表示 $p<0.05$。

表 5-8　四种屏幕交互时的平均瞳孔直径　　单位：毫米

	横向单屏	纵向单屏	纵向双屏	仪表—中控区连屏
导航操作（*）	3.575	3.121	3.095	2.715
微信操作（***）	3.461	2.932	2.655	2.481
仪表识读	3.062	3.323	2.62	2.56
广播（*）	3.365	3.485	3.173	3.455
电话（*）	3.443	3.325	3.295	3.035

注：*** 表示 $p<0.001$，* 表示 $p<0.05$。

表 5-9　四种屏幕的注视次数　　单位：次

	横向单屏	纵向单屏	纵向双屏	仪表—中控区连屏
导航操作（***）	33.75	41.438	31.813	29.313
微信操作（***）	41.25	35.625	30.563	30.313
仪表识读（***）	30.5	31.25	29.688	29.125
广播（***）	34.375	38.125	30.438	31.063
电话（***）	33.875	39.313	31	30.563

注：*** 表示 $p<0.001$。

表 5-10　四种屏幕的喜好度

	横向单屏	纵向单屏	纵向双屏	仪表—中控区连屏
导航操作（***）	6.25	5.563	6.375	6.688
微信操作（*）	4.313	4.625	4.75	4.875
仪表识读（***）	5.563	5.25	5.875	6.25
广播（***）	4.375	4.625	6.313	6.375
电话（***）	4.688	4.375	5.563	5.688

注：*** 表示 $p<0.001$，* 表示 $p<0.05$。

从结果可见，除“仪表识读”任务的瞳孔直径外，其他客观评价（眼动数据）与主观评价（喜好度得分）指标在四种屏幕下的差异均为显著效应，说明屏幕造型形式对用户的眼动特征和喜好度变化具有显著影响。可进一步用 LSD 方法判断不同屏幕形式之间两两比较的差异是否具有显著性，此处略。对于仪表—中控区连屏，用户给出的各项交互的喜好度评分均为最高，而纵向双屏的喜好度评分略低于连屏，但多个任务的眼动指标（导航与电话任务的注视时间、调节广播频道任务的注视次数等）呈现出更大的优势。相比而言，横向单屏和纵向单屏几乎没有表现出任何优势，且眼动数据表明，这两种屏幕形式在信息搜索绩效上问题较大，注视时间较长，注视次数较多，单纯从视觉交互的角度出发，可能不太适合老年驾驶人使用。

连屏贯穿了仪表区与中控区，整体感较强，在视觉上有冲击力，用户进入车内，主观上就会被面前这个信息显示区域吸引，可能导致喜好度较高。因此，还需结合客观眼动指标进行分析，判断其是否真的适合老年驾驶人。由表 5-9 可知，连屏的导航操作、微信操作、仪表识读、接打电话时的注视次数均为四种屏幕中最少。“注视次数”被认为是与搜索绩效有关的指标。本节所采集的注视次数包括向前注视次数（number of forward fixation）和回视注视次数（number of regression fixation），注视次数越多，表明该搜索越低效，可能源于显示元素的布局不佳。因此，就注视次数而言，连屏的搜索绩效较好。从平均注视时间的维度来看，除使用导航和接打电话外，其余任务中连屏的注视时间均为最短，反映出了该种屏幕的易用性。

此外，现有研究表明，人机交互过程中，随着认知负荷（任务复杂性）增大，瞳孔直径会表现出增大的趋势（李金波等，2009）。心理学研究也证实，认知负荷的增加会导致瞳孔直径变大（王超等，2014）。心理负荷较大时，瞳孔直径增加的幅度也会比较大（张仙峰等，2006）。连屏在“调节广播频道”之外的任务中瞳孔直径均为最小，反映了信息加工过程中较低的认知负荷。调节广播频道任务具有一定特殊性，其占用的认知资源较多，视觉通道（界面变化）和听觉通道（广播内容）均会产生认知负荷。该任务中连屏的注视次数也多于纵向双屏，在一定程度上反映了纵向双屏在调节广播任务中的优势。设计时需要考虑该现象，探索两种屏幕在适老化内饰设计中发挥的作用。

但这里也需要注意，国内研究发现，对于包含信息输入的复杂任务，认知负荷越大，瞳孔直径会越缩小（李宁等，2008）。根据 Granholm 等（1998）的研究，对于简单任务，瞳孔直径首先会随着认知负荷增加而扩大，但当信息加工负荷达到一定程度时，瞳孔直径反而会缩小。因此，对于其他形式的屏幕交互，也不能完全否定，需要结合注视次数、注视时间与主观喜好度来综合评价。

但本节并未对任务时间与眼动指标之间的关系进行分析，一般而言，随着时间的推移，眼动数据会产生变化。如瞳孔直径，随着任务时间的增加，被试的绩效会变差，造成眨眼频率增加，瞳孔直径减小（卜建等，2017）。这时的结果可能是由疲劳或厌恶造成的。就本节研究而言，被试需要反复在四部车中完成同样的交互任务，一段时间后可能会产生厌烦情绪，从而导致眼动绩效发生变化。在今后的研究中，可进一步分析实验时间对眼动数据的影响。

根据以上分析，提出三个适老化内饰设计建议。本系列建议为北方工业大学毓优人才项目“基于老年人用车行为预测模型的机动车概念设计与评估”（107051360018XN012/018）与教育教学改革和课程建设研究项目“工业设计专业研究生创新能力研究”（2018JGM15）的成果之一，重点讨论触屏交互方式的设计方向，对于内饰中的其他要素，如后视镜的位置、门把手的形状、座椅的设计、面料的肌理效果等不做过多约束。为响应初老期与老年期用户的审美偏好，在线、面的造型语言上，选择成熟、稳重的符号，从生活日用、布艺家居中汲取营养，避免过于时尚和前卫的面板设计。使用低饱和度色彩，并突出层次感。

为践行本书研究结论，设计建议均采用触屏为主的交互方式，分别搭载三种屏幕：仪表区—中控区连屏、纵向双屏及融合了以上两种屏幕特征的一体式大屏。在下一阶段研究中，会基于该系列设计，将语音交互与体感交互纳入研究体系中。在本书第 6 章，也会以该系列设计为载体，综合评估几种交互方式。图 5-4 为三种设计建议的示意效果图，以大百分位人体模型为基础，完成建模、草图绘制等设计表达工作。

图 5-4 适老化汽车内饰设计建议

注：上图：仪表区—中控区连屏；中图：纵向双屏；下图：一体式大屏。

资料来源：设计表达：贾若愚，硕士研究生；指导教师：杨浩。

5.5 本章小结

在设计者与用户之间建立起明确的对话关系，是设计理论的根本。根据第 4 章研究结论判断出适老化交互方式后，本章分析了该交互方式下任务完成时间对人机界面系统可用性与车道保持水平的影响大小。研究车内交互行为的作用机理，有助于设计师了解用户的行为规律。当设计师着手准备设计时，他会比较容易理解现象之间的关系。本章构建了多元线性回归模型和 Logistic 回归模型，研究表明，该交互方式下，任务完成时间对界面的系统可用性与车道保持水平均存在显著影响，可以重点关注这些车内交互，完成内饰设计工作。由于部分指标的解释比较复杂，本章也分析了中央显示屏与仪表的布局和形式，并根据被试的眼动数据与主观喜好度评分，提出了设计建议。从理论基础的角度来看，该系列建议具有一定可行性。但对于用户而言，其可行性体现于哪些方面尚须进行评价。本书第 6 章会就评价问题展开具体分析。

6 适老化交互方式评价体系构建

前文详细分析了适老化交互方式下各典型性二级任务的作用机理，并提出了设计建议。设计建议由研究结论推断得出，并非成熟的设计方案，仍需进行评估，以判断其是否能切实满足用户的核心诉求。本章通过 AHP 法来评价设计建议的合理性。

6.1 评价体系建立的前提

在进行设计评估时，需要考虑用户的类型。不同类型的用户，对于新产品、新系统的使用意愿是截然不同的。在评估中可以引申、拓展出面向不同用户类型的一系列建议，用作适老化汽车内饰设计的参考依据。

李乐山教授曾对“用户”下过定义：产品的使用者即为用户。研究表明，用户大体可以分为四种（田蕴等，2013）：

（1）新手用户：指初次使用产品或还未曾使用过该产品，还没有学习过操作规范和知识的使用者。

（2）一般用户：也被称为普通用户或平均用户，指能够操作产品，但无法做到熟练操作的一类用户，在面临非正常情况或出现操作问题时，往往无法解决。

（3）专家用户：也被称为经验用户，指对产品极为熟悉、操作能力很强的用户，在产品发挥作用的领域里通常具有十年以上的操作经验，比设计师更具有使用经验，具有较高的信息处理能力和解决操作问题的能力。

（4）偶然用户：指并不情愿使用，但因情况特殊不得不使用产品的用户，他们会操作，但对产品充满陌生感和恐惧感，很害怕操作错误带来的无法掌控的困境。

针对这四种用户群体，结合现有产品功能特征，共引申出四种待评估交互方式，分别为传统交互（实验车 A 的交互方式）、只有视觉反馈的触屏交互（实验车 B 的交互方式）、在视觉反馈外添加了语音提示的交互、体感交互后有视觉反馈的交互（如 AliOS 车载智能交互系统）。具体涉及的二级任务与交互对象如表 6-1 所示。

表 6-1　待评估交互方式

交互方式 二级任务	A：传统交互	B：触屏交互	C：触屏+语音提示	D：体感+视觉反馈
导航	手机	纵向双屏	一体式大屏	连屏
微信	手机	纵向双屏	一体式大屏	连屏
仪表	机械仪表	电子仪表	电子仪表	电子仪表
广播	实体按键	纵向双屏	一体式大屏	连屏
空调	实体按键	纵向双屏	一体式大屏	连屏
电话	手机	纵向双屏	一体式大屏	连屏

在表 6-1 中，后三种交互方式所采用的触屏形式即为本书 5.4 节所提出的三个设计建议中的屏幕形式，并在交互方式 C 和 D 中分别融入了语音提示、体感交互技术，供评价者权衡。当然，这些交互对象还可以有其他的组合，但考虑到用户的经验与接受程度，为有效整合专家用户与新手用户、一般用户、偶然用户在评分上的区别，本章只对这四种交互方式展开

评价。

设计建议是在实现设计目标的过程中，为帮助设计师定位方向而提出的一套阶段性工作成果，并非成熟方案，尚需进一步推敲和深化。但设计建议可以作为设计的一种指导依据。就本书的意义而言，通过对交互方式的研究所提出的这些建议在可行性上值得讨论，可以作为后续设计的方向，或通过进一步实验对这些交互方式进行实证研究。

在提出设计建议这一阶段，产品本身并未成形，也无法以实物的形式呈现在用户面前。对设计建议的评价很难做到客观、全面，具有一定“灰色性”。因此，这一阶段的评价带有一定先验性和预测性，即需要评价人基于自身的经验而不是体验进行评价。从技术接受模型（Technology Acceptance Model，TAM）可知，一个新产品是否能够为广大用户接受和应用，需要从两个方面进行衡量：感知有用性（perceived usefulness）和感知易用性（perceived ease of use）。TAM 模型可以有效地阐明和展望互联网消费语境下的消费者信任倾向和购买意向（刘遗志等，2015）。设计建议面向新产品设计，因此可参考 TAM 模型构建其评价体系。

在目前的灰色评价阶段，请具有丰富驾驶经验与触屏使用经验的初老期与老年期用户扮演专家的角色，基于自身的经验做出评价，来预测产品是否能够被用户接受和应用，是本章研究的目标。本章基于 TAM 模型，邀请专家型用户对四种待评估交互方式（方案层元素）和各个二级任务（准则层元素）的感知有用性和感知易用性进行综合评价，得到每一元素的重要性程度，两两比较后形成判断矩阵，最终构建起面向适老化交互方式的评价体系。

6.2 设计建议的合理性与效果评价

本章邀请具有相关经验的初老期与老年期用户对表 6-1 的四种交互方式进行打分，用 AHP 法找出最优选择。由于本章服务于宜人性设计，因此以用户作为“专家”，从老年驾驶人的角度出发，对几种交互方式的合理性进行了排序。AHP 法在工业设计领域已经取得了一定的成果，但应用尚不是特别普遍。本章基于现有研究成果，论述了该方法在设计评价中的应用与价值，借此探讨 AHP 法在工业设计领域所能发挥的作用。

6.2.1 研究方法

在进行设计方案的评价时，评价者经常会面临的一个问题就是缺乏严格、客观的评价标准，即由于评价者自身的差异和信息的不确定性，评价呈现灰色性（李转等，2013）。与之类似，社会学、经济学、管理学等领域的一些需要评价的对象也具有类似的问题。一个比较常用的方法是 AHP 法。AHP 法适用于部分信息明确、部分信息模糊的具有灰色性质的系统，它通过小样本数据分析，生成和开发确定性的那一部分信息，实现对系统规律变化的认识。

AHP 法是一种整合了定量计算和定性分析两种决策方法对问题进行加工的方法。虽然最终结果是由计算产生，但此方法充分融合了定性分析的特点，充分利用了评价者的经验和知识，因此与一般的量化研究方法相比，AHP 法可以利用的原始材料更多、更深入，对问题的分析结果也更准确。在国内工业设计研究领域，北京交通大学田生彩等（2003）进行了面向客户的、由用户和设计师协同完成产品外观设计方案的评价系统的研究，并开发了适合工业设计的远程配合方案设计的评价方法原型。陈敏娜等（2015）针对煤矿开采工程机械设计方案的主观性、随意性等问题，采用模糊 AHP 评价法对设计方案进行评价，并验证了该评价体系在工业设计领域应用的可行性与有效性。李转等（2013）也应用这种方法对飞机客舱内环境工业设计方案进行了评价，并结合了灰色聚类方法，有效处理了评价指标。在工业设计领域内，这些成果值得借鉴和思考。

AHP 法是一种系统性的分析方法，与单一指标评价和推断因果类的方法不同，整体性与系统性是此方法的核心。AHP 法把研究目标看作一个系统，通过对该系统进行逐层分解—比较—判断，将具有不确定性因素的评价过程进行量化处理。通过这种方式，分解后的系统的每一层、每一个指标、每一个方案对于评价结果的影响程度都是定量的，避免了定性分析的一些问题。

本章希望对四种交互方式（见表 6-1）进行评价。由于交互方式 B、C、D 是基于现有产品的交互界面与操作行为而提出的，虽然成品还没有出现在市场上供用户体验，但该交互方式的各项操作均为用户熟悉的动作，不需要特别学习，因此用户在理解了该交互方式之后，可以与既有的驾驶过程信息处理模型进行匹配。由具有丰富驾驶经验的用户（初老期与老年期驾驶人）对四种交互方式进行评价，可以得到有价值的数据。

AHP 法分为六个步骤，如图 6-1 所示。

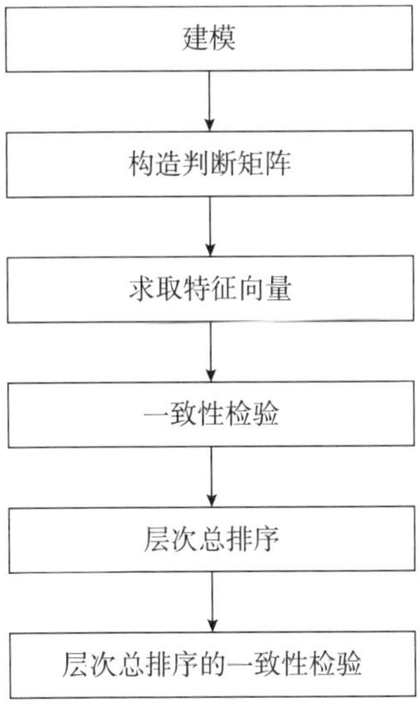

图 6-1　AHP 法步骤

从工业设计的角度出发来理解这六个步骤，需要结合评价目标和六个步骤的内涵。对上述步骤描述如下：

（1）建模。AHP 法要构建的是层次结构模型，对需要研究的问题进行深刻探索和理解之后，将问题分解为不同层次，并通过框图的表现方式来说明层次之间的递阶结构和各个因素的隶属关系。每一层次中所含的因素数量不宜过多，当某一层次由较多的因素组成时（如超过九个），则可以将之解构为数个子层次，但这会增加模型结构的复杂性，对打分者的判断造成影响（赵焕臣，1986）。

（2）构造判断矩阵。在 AHP 法中，用来确定模型中各个层次上的因素权重的方法是构造判断矩阵。判断矩阵的值描述了打分者对于模型中各因素的相对重要程度（或倾向、好坏、强弱等）的认识，一般情况下采用 1~9 及其倒数的标度方法（赵焕臣，1986）。采用九级标度方法是基于一些心理学理论基础。实践证明，1~9 这九个整数取值已经可以完全分辨人们感觉差异的各种属性；心理学相关实验证实，大部分人能分辨出的某一属性上的差异数量为 5~9 个，九级标度能够对大多数人的评价决策水平进行反映；另外，研究表明，7±2 个研究条目是心理学上的极限，如果对 7±2 个元素进行两两比较，则它们之间的差异和区别可以用九个数字表现出来（赵焕臣，1986）。

AHP 法引入 1-9 比例标度方法来形成判断矩阵，使打分者的决策思维数学化，并能有效将问题的分析简化，令原本非常复杂的问题具有了量化分析的可能性。另外，这种数学化的方法也能使打分者在决策过程中的思维保持一致性（赵焕臣，1986），避免了访谈法中常见的思维随机问题。比例标度法是对指标的重要性水平进行量化的常用方法之一。一般情况下，五种等级即可非常理想地表现出研究对象的等级差异，如果需要使评价具有更高的准确度，可以在相邻的等级之间进一步划分，形成九种等级（张艳玲，2011）。系统工程理论认为，人的判断能力有限，当一对需要进行对比的对象之间具有很大的差异时，人的推断就会失去可靠性，偏离对象的实际，因此人只能对有所限定的一对事物进行对比（李娜，2001）。1-9 标度法则可以使人们在有效的判别范围内对指标进行评价。Saaty（1980）将 1-9 标度方法与其他 26 种标度方法进行了比较，证明了 1-9 标度的可行性。

1-9 取值的含义如表 6-2 所示。

表 6-2 AHP 分析各取值含义

标度	含义	标度	含义
1	前者与后者具有同样重要性	2	1 与 3 的中间值
3	前者比后者稍微重要	4	3 与 5 的中间值
5	前者比后者明显重要	6	5 与 7 的中间值
7	前者比后者强烈重要	8	7 与 9 的中间值
9	前者比后者极端重要		

构造判断矩阵时，需要以上一级层次的某一元素为评价标准，对本层中元素的重要程度（或偏好、优劣、强度等）进行两两比较，给出比较后的取值，并将这些值写成矩阵的形式。判断矩阵一般写成表 6-3 所示的形式。

表 6-3 判断矩阵形式

A_k	B_1	B_2	…	B_n
B_1	a_{11}	a_{12}	…	a_{1n}
B_2	a_{21}	a_{22}	…	a_{2n}
…	…	…	…	…
B_n	a_{n1}	a_{n2}	…	a_{nn}

在表 6-3 中，A_k 表示上一层级的某一基准元素，$B=\{B_1, B_2, \cdots, B_n\}$ 为下一层级的需要与 A 进行比较的各元素。矩阵 $A=(a_{ij})_{n\times n}$ 表示重要性的比值，即为该两层因素权重的判断矩阵。从表中可以看出，若与 A_k 相比，B_i 和 B_j 的重要性之比为 a_{ij}，反过来比较的话，B_j 和 B_i 的重要性之比则为 $a_{ji}=\frac{1}{a_{ij}}$。

（3）层次中的排序——求取特征向量。判断矩阵构建完成之后，就可以对各个因素的重要程度进行排序。排序方法是对判断矩阵求取最大特征值与特征向量，经过归一化处理之后，对结果按大小进行排序，即为层次单排序（赵焕臣，1986）。求取特征值和特征向量的方法有迭代法、和积法、方根法等几种。计算方法虽然较为复杂，但可使用软件辅助完成计算过程。

（4）一致性检验。由于评价者的经验和知识各不相同，对事物的认识程度和对系统整体的把握程度往往会存在一定的局限性。这会导致判断矩阵出现不一致，产生矛盾。例如，在某位专家对方案层打出的分值中，出现方案 B>方案 C，方案 C>方案 A，却又在方案 A 和方案 B 的评价中给了方案 A 更高的分值，这就造成了矛盾。这种问题在定性研究中很难发现，直接对原始资料进行分析就容易导致错误的结论。但在 AHP 模型中，通过对判断矩阵进行一致性检验可以发现这个问题并反馈给打分者，请打分者审慎考虑后再次评价；或由研究者征求打分专家意见后，对数据进行修正。通过这种方式可以减少很多不合理判断，并有效避免不负责任的“乱评价”现象，保证判断矩阵的科学性。

检验判断矩阵一致性的方法是使用判断矩阵的最大特征值λ_{max}与阶数 n 之间的差值来计算一致性比例（CR）。计算方法为：

$$CR=\frac{CI}{RI}=\frac{\frac{\lambda_{max}-n}{n-1}}{\frac{\lambda'_{max}-n}{n-1}} \tag{6-1}$$

式中，CI 为一致性指标，由判断矩阵的最大特征值λ_{max}与阶数 n 求得。RI 是平均随机一致性指标，基于判断矩阵的阶数 n，通过查表获取。国外已有成熟研究求得了此值，具体如表 6-4 所示（冯志勇，2010）。

表 6-4　不同的矩阵阶数 n 所对应的 RI 值

n	1	2	3	4	5	6	7	8	9	10
RI	0. 00	0. 00	0. 58	0. 90	1. 12	1. 24	1. 32	1. 41	1. 45	1. 49

计算出 CI 值、查得矩阵相对应的 RI 值之后，就可以计算判断矩阵的 CR 值。CR 值越小，矩阵的一致性越好。CR 值的临界值为 0. 1，如果 CR<

0.1，则认为矩阵的一致性较好，可以进行下一步分析；如果 CR>0.1，则不能接受矩阵的信息，需要对矩阵进行修改（赵焕臣，1986）。通过 yaahp 软件，可以直接计算出 CR 值，用以对判断矩阵的一致性进行检验。

（5）层次总排序。经过前四个步骤，已经可以确定某一层的元素以其上一层元素为评价标准时的重要性（或偏好、优劣、强度等）的排序。但针对总目标（目标层元素），各个元素的权值是多少尚未可知，即各个元素对于目标层元素的相对重要性还无法了解。因此，需要对整个结构模型进行层次总排序，这也就是对每个元素在以总目标为评价标准时进行权值排序。

这一过程需要从高层到低层逐层进行。具体做法为：若较高一层（A 层）包含 m 个元素A_1，A_2，…，A_m，这一层的总排序权值为a_1，a_2，…，a_m；其下一层（B 层）包含 n 个元素B_1，B_2，…，B_n，这些元素在以 A 层元素为评价基准时的排序权值为b_{1j}，b_{2j}，…，b_{nj}，则可求 B 层各元素的总排序权值，计算方法为：B 层元素总排序权值 $=\sum_{j=1}^{m} b_{ij} a_j$（冯志勇，2010）。可用表 6-5 直观表示模型层次总排序的计算方法。

表 6-5　层次总排序的计算方法

A 层 / B 层	A_1 a_1	A_2 a_2	…	A_m a_m	B 层总层次排序
B_1	b_{11}	b_{12}	…	b_{1m}	$\sum_{j=1}^{m} b_{ij} a_j$
B_2	b_{21}	b_{22}	…	b_{2m}	$\sum_{j=1}^{m} b_{ij} a_j$
…	…	…	…	…	…
B_n	b_{n1}	b_{n2}	…	b_{nm}	$\sum_{j=1}^{m} b_{ij} a_j$

（6）层次总排序的一致性检验。最后一步工作，就是对层次总排序结果进行一致性检验。虽然在层次结构模型构建之后已经对判断矩阵进行了

一致性检验，但进行总排序之后，各个层次的非一致性的累积仍然有可能造成最终的结果出现“不一致”（冯永岗，2013）。因此，在完成层次总排序之后，仍然需要对结果进行一致性检验。与总排序时一样，总排序结果的一致性检验也需要从最高往低逐层完成。若以较高层（A 层）某一元素 A_i 为基准的下一层（B 层）元素判断矩阵的一致性指标为 CI_j，与之相对应的平均随机一致性指标为 RI_j，则 B 层次总排序的一致性比例的计算方法为：

$$CR = \frac{CI}{RI} = \frac{\sum_{j=1}^{m} CI_j a_j}{\sum_{j=1}^{m} RI_j a_j} \tag{6-2}$$

与层次内的排序一样，当总排序的一致性比例 $CR<0.1$ 时，可以认为层次总排序的结果具有理想的一致性，可以接受该结果，若非如此，就应该寻找判断矩阵的问题，对判断矩阵进行优化。yaahp 软件也可以直接计算出该值，用以对总排序的一致性进行检验。

6.2.2 被试确定

AHP 法要分析的数据是专家给予的分值。专家即为对所研究问题有充分认识和见解的人士。在研究中，由这些专家根据自身的经验和知识，按照研究者所建立的层次结构模型进行评价。多位专家进行的群评价不只反映了专家对指标或方案的评价，同时也反映了对评价专家自身的评价，从本质上来说，这是一个方案与指标评估和专家评价水平评估的双重评价机制。对于需要依靠决策来分析和判断的问题，专家的看法和理解发挥着重要的作用，尤其是一些影响因素复杂、预期目标多元、难以收集量化资料的决策问题，整个决策过程都仰赖于专家的有效评价。由于专家的评估和分析起着关键的作用，其整体素养、能力水平、知识深度和广度、阅历等因素都在某种程度上决定了决策是否能够取得成功（辛杨，2001）。本书要分析的是适老化交互方式，因此，具有相应驾驶经验的初老期与老年期驾驶人即为具有发言权的“专家”。这些驾驶人的经验和感受可以充分地体现在分析结果当中，具有较高的参考价值。同时，这种评价也可以反映出驾驶人自身的想法，实现双重评价。根据研究需求，本章寻找了12位打分者，其中8位年龄超过60岁，4位为55~59岁。12位打分者中，男性8人，女性4人；9位为高校退休教师，来自于艺术设计、环境科学与工程、机械设计等领域，3位为高校后勤、基建处的退休教职工。打分者需要具备以下两个条件：

（1）必须具备汽车驾驶经验；

（2）对触屏交互、体感交互、语言交互有清晰全面的了解，使用过相关产品，在主试以演示视频呈现某种交互方式后，能够在脑海中建立起清晰的认识。

由于专家有12位，因此对交互方式宜老性的评价是一个“群决策”的问题，而非简单的“个人决策”。因此，在对原始数据进行分析之前，首先要确立处理多位专家的个人判断矩阵的方法，以得到一个可靠的、一致的、科学的群判断矩阵。

当多位专家的判断矩阵已经录入完成，可以有两种方法对这些个人判断矩阵进行处理，获得群决策（辛杨，2001）：一是通过专家的个人判断矩阵来求取综合判断矩阵，用综合判断矩阵来进行重要性排序；二是计算每一位专家的判断矩阵的总排序权值，再对这12个总排序权值进行合成，由此得到群判断的总排序权值，实现群决策。

现有研究表明，用综合判断矩阵来进行群决策的方法有一定的问题，即此方法有可能会掩盖各个打分者的个人判断矩阵无法满足一致性要求的事实。也就是说，某一个或某几个打分者的判断矩阵无法通过一致性检验，但构造出的综合判断矩阵经检验后却是一致的；或者，几个打分者的某个判断矩阵是满足一致性要求的，但对这些判断矩阵中的各个要素进行几何平均或算术平均后，所得到的综合判断矩阵却是不一致的（辛杨，2001）。而且这个判断矩阵的一致性检验结果很可能无意义，由此矩阵所求得的评价结果是不具有可信度的。另外，从方法应用的角度来说，本章是为设计服务，但对每个打分者的判断矩阵进行处理，构建综合判断矩阵，再对综合判断矩阵进行重要性排序，过程比较抽象，不利于设计师提取相关信息并将研究结果进一步转化为可靠的设计依据。因此，本章采用方法二来获得群决策结论，对每一位打分者的判断矩阵求取排序值，再对所有打分者的排序值进行处理，获得群决策。

对各位打分者的总排序权值进行合成时，可以计算各个打分者的判断矩阵总排序权值的算术平均数或几何平均数。但研究表明，对若干人的判断决策取平均值时，使用几何平均数要优于算术平均数（张艳玲，2011）。这是因为 AHP 分析的打分者评价为数字 1~9 及其倒数，是一种两两比较后的比值。数字 1~9 表示要评价的两个元素中，元素（1）与元素（2）相比所呈现的重要程度；相应的倒数则表示元素（1）与元素（2）相比所呈现的次要程度，或元素（2）与元素（1）相比所呈现的重要程度。一个数字与其倒数表示一对元素两两比较的结果，程度相同而倾向相反。对比值或指数求均值，适合用几何平均数。假如一个打分者的评价为 5，另一个打分者的评价为 1/5，如果取算数平均数，则两者的均值为 $M_1 = \frac{\sum_{i=1}^{n} a_i}{n} = \frac{5 + 1/5}{2} = 2.6$，这在 AHP 分析中无法准确反映出这一对程度相同、倾向相反的评价所代表的真实信息。如果采用几何平均数，则两者的均值为 $M_2 = \sqrt[n]{\prod_{i=1}^{n} a_i} = \sqrt[2]{5 \times 1/5} = 1$。根据表 6-2，数字 1 表示两个元素同等重要，没有更为重要或更为次要的倾向，因此，几何平均数M_2准确地反映了这一对评价的集中趋势。

由于研究需求是了解驾驶员的判断和看法，因此在意见的价值上，本章邀请的打分者之间没有显著区别。基于此，本章对所有打分者设置平均权重，即各位打分者的权重相同。由此，对不同打分者的排序权值进行处理的方法为（辛杨，2001）：

$$W_i = \prod_{k=1}^{n} W_{ki}^{\lambda_k} \qquad (6-3)$$

式中，λ_k表示打分者被赋予的权重值，全部打分者的权重值之和 $\sum_{k=1}^{n} \lambda_k = 1$。由于本章采用平均权重，因此所有打分者的$\lambda_k$值均相等，$\lambda_1 =$

$\lambda_2 = \cdots = \lambda_n = 1/12$。$W_{ki}$表示第 k 位打分者的判断矩阵中第 i 个元素的排序权值。将全部 n = 12 位打分者的某一元素的排序权值相乘，再对乘积求λ_k（1/12）次幂，结果即为该元素在最终群决策的总排序权值W_i。

6.2.3 建立层次结构模型

本章的层次结构模型为三层递阶层次结构模型。目标层（A 层）是“适老化交互方式”；指标层（B 层）为用于反映“交互方式宜老性”的六个二级任务（B1：开启导航并输入目的地；B2：打开微信并进入与指定人员的聊天界面中；B3：仪表识读；B4：切换广播频道；B5：调节空调温度；B6：接打电话）；方案层（C 层）为四种交互方式。建立模型如图 6-2 所示。

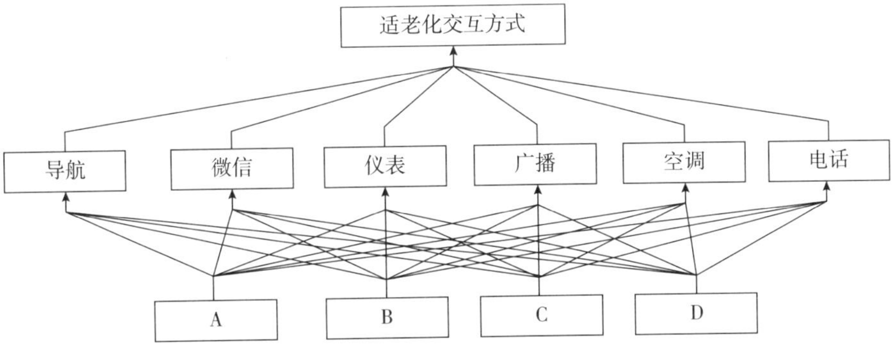

图 6-2 层次结构模型

根据前文研究结论，任务完成时间对人机交互界面的系统可用性和驾驶人的车道保持水平均有所影响，因此，指标层设定为本书关注的六种二级任务。方案层的几种交互方式均指向全部六个指标层元素，是为了让用户对几种交互方式下的二级任务做出评价，用于进一步决策分析。建模完成之后，即可开始征求评价者（初老期与老年期驾驶人）的评级打分。

根据构建好的层次结构模型，笔者拟定了用于收集原始数据的问卷，请评价者基于各元素的感知有用性和感知易用性对其“宜老性”进行综合评价，得到每一元素的重要性程度，两两比较后形成判断矩阵。其中，三个“设计建议”由于尚未以产品的形式面世，为了能让打分者有直观的了解和认识，在征求打分者评价时，以多角度效果图的形式呈递给打分者，并结合语言描述，让打分者客观、全面地认识和感受某一种方案的交互方式。

6.2.4 构造判断矩阵

AHP 法使用两两比较的方法来建立判断矩阵。在本章的层次结构模型中，第一层结构只有一个元素，第二层结构共有六个元素，因此，每一位评价者需要构建七个判断矩阵。以第一层某一元素为评价标准，对第二层的各元素的重要性（或偏好、优劣、强度等）进行两两比较，可以构建起第一个 6×6 的判断矩阵（见表 6-6）；之后再分别以第二层的六个元素为评价标准，对第三层的各元素的重要性进行两两比较，共可以构建六个 4×4 的判断矩阵（见表 6-7）。

表 6-6　以目标层元素为评价标准对指标层元素构建判断矩阵

A	B_1	B_2	B_3	B_4	B_5	B_6
B_1	a_{11}	a_{12}	a_{13}	a_{14}	a_{15}	a_{16}
B_2	a_{21}	a_{22}	a_{23}	a_{24}	a_{25}	a_{26}
B_3	a_{31}	a_{32}	a_{33}	a_{34}	a_{35}	a_{36}
B_4	a_{41}	a_{42}	a_{43}	a_{44}	a_{45}	a_{46}
B_5	a_{51}	a_{52}	a_{53}	a_{54}	a_{55}	a_{56}
B_6	a_{61}	a_{62}	a_{63}	a_{64}	a_{65}	a_{66}

表 6-7　以指标层元素为评价标准对方案层元素构建判断矩阵

B_k	C_1	C_2	C_3	C_4
C_1	b_{11}	b_{12}	b_{13}	b_{14}
C_2	b_{21}	b_{22}	b_{23}	b_{24}
C_3	b_{31}	b_{32}	b_{33}	b_{34}
C_4	b_{41}	b_{42}	b_{43}	b_{44}

使用 yaahp 10.3 软件计算每一位打分者的判断矩阵的总排序权值。全部打分者的判断矩阵一致性系数均小于 0.1，通过了一致性检验。通过对 12 名打分者的总排序权值进行合成，最终得到群决策的总排序权值，结果如表 6-8 所示。

表 6-8 群决策的总排序权值

	导航	微信	仪表	广播	空调	电话	方案层总排序权重	总排序
	0.3192	0.1475	0.2743	0.0605	0.0892	0.1112		
A	0.1006	0.3212	0.3219	0.1141	0.3449	0.1682	0.2235	4
B	0.1412	0.0939	0.4091	0.4153	0.1518	0.3835	0.2522	2
C	0.2756	0.4015	0.1653	0.1624	0.4023	0.1198	0.2508	3
D	0.4827	0.1834	0.1038	0.3083	0.1009	0.3284	0.2734	1

6.2.5 讨论

从 12 位打分者的总排序权值可以看出，以“适合老年驾驶员的交互方式”为评价标准对六种二级任务进行评价，导航任务是决定交互方式宜老性的最重要因素，其次是仪表识读任务。广播、空调和电话任务对交互的稳定性和可控性影响并不大（见图 6-3）。而在方案层的“总排序”层面，可以看出交互方式 D 排在第一位，即从经验用户的角度出发，认为这种交互方式是最为重要的。从表 6-1 可见，交互方式 D 为视觉反馈辅以体感交互，在屏幕形式上为仪表区-中控区连屏。连屏的视觉引导性较好，一块屏幕从正前方的仪表直接过渡到中控区，没有其他形态上的转折。

在以“导航任务”为评价标准，对四种交互方式的重要性进行评价时，用户认为交互方式 D 最优，之后分别是交互方式 C、交互方式 B、交互方式 A（见图 6-4）。交互方式 A 的权值是最低的。同时可以看到，交互方式 C 也获得了较高权值，近年来各大品牌的设计经常主推大屏，随着

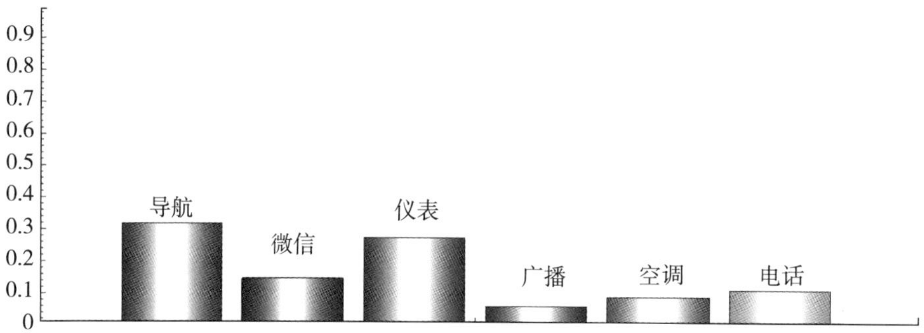

图 6-3　指标层各元素的排序权值

车载导航智能化趋势的发展，屏幕尺寸也发生了巨大变化，从最开始的仅仅几寸，到现在达到十几寸。老年驾驶人虽然对视觉设计要求不高，但由于大屏更有利于信息搜索，语音交互也可以在一定程度上弥补视觉机能的下降，因此可能会导致用户对此交互方式更偏好。

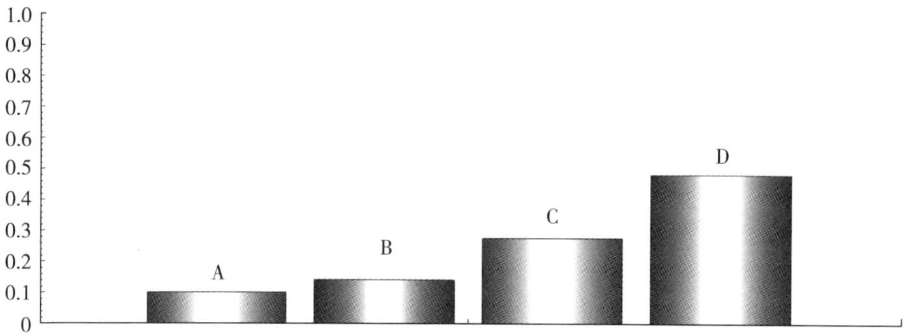

图 6-4　以导航任务为标准的方案层各元素的排序权值

以其他五项二级任务为评价标准，对四种交互方式的重要性进行评价的结果如图 6-5 至图 6-9 所示。这里面有一个比较有趣的现象，即对于“仪表识读”任务（见图 6-6），交互方式 B 的权值最高，其次为交互方式 A，权值较高的两种交互方式均为传统独立式仪表区。因此，在设计中需要进一步分析连通式屏（交互方式 C 和交互方式 D 所使用的屏幕）的仪表区域的信息搜索绩效，判断问题是源于视觉反馈，还是源于语音、体感交互等技术问题。需要注意的是，虽然交互方式 D 在总排序中是排在第一位的（W=0.2734），但在以仪表识读和空调任务为评价标准时，交互方式 D 的重要性都跌到了最低。这也说明了这种交互方式是存在一定问题的，并未得到经验用户绝对的认可。在评价完成后进行的访谈中，多位打分者反馈，空调控制与其他二级任务不同，人们更偏好采用实体按键/旋钮的空调控制面板，并认为车内使用一块连通式屏不合适，因为会分心，看仪表时会不自觉地看一眼中控区域，但此时应该全神贯注关心前方路面，因此比较危险。这些问题都需要在设计方案深入时综合考虑。

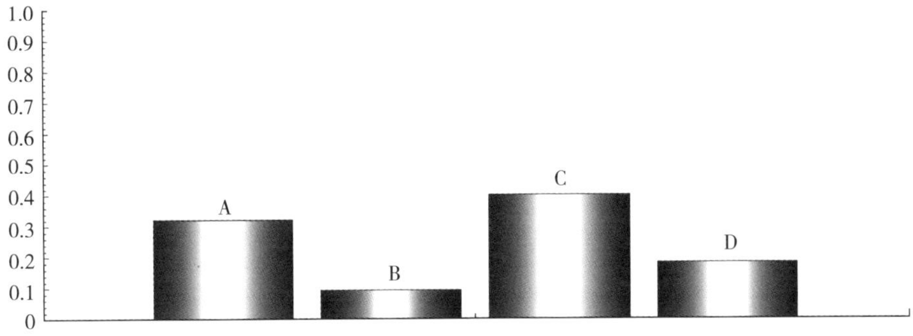

图 6-5　以微信任务为标准的方案层各元素的排序权值

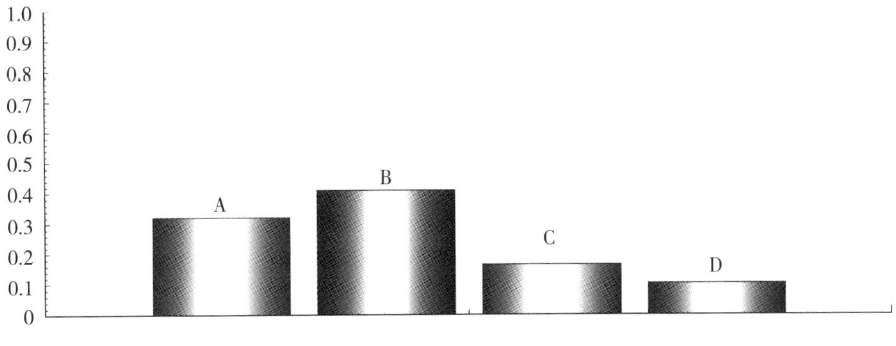

图 6-6　以仪表任务为标准的方案层各元素的排序权值

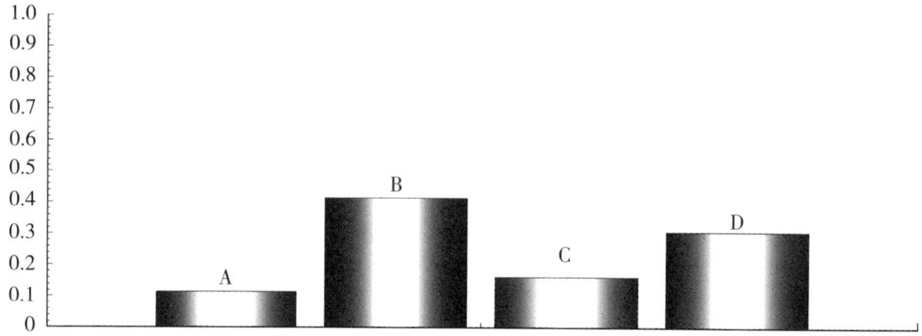

图 6-7 以广播任务为标准的方案层各元素的排序权值

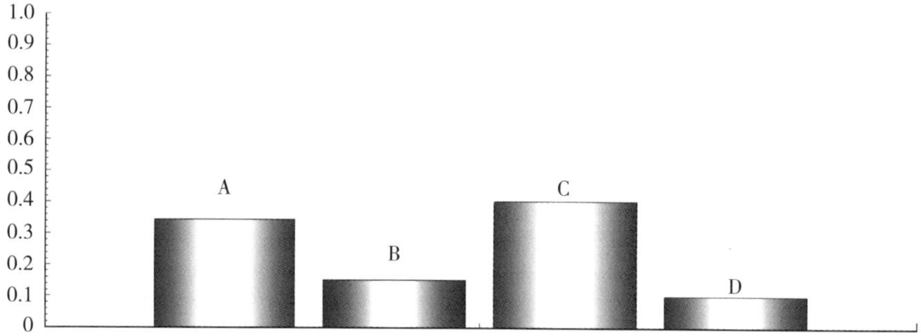

图 6-8 以空调任务为标准的方案层各元素的排序权值

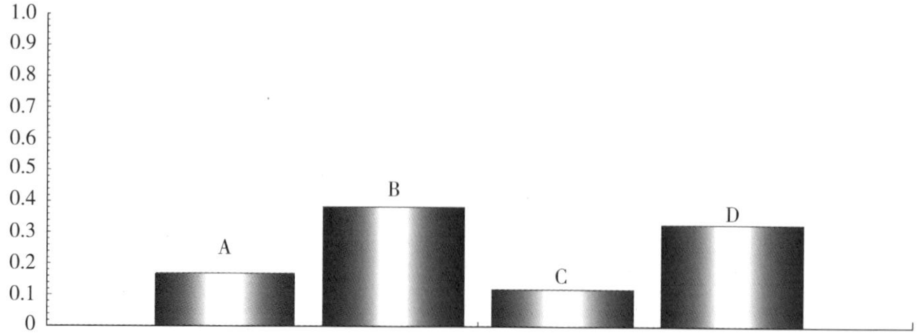

图 6-9 以接打电话任务为标准的方案层各元素的排序权值

6.3 本章小结

通过研究找出设计依据，是本书研究的目的。本章在设计建议的基础上，构建评价体系，请专家（经验型用户）进行分析和评价，展望相关研究的可行性和可靠性。但用户评价虽然可以真实反映其感受，具有很大参考价值，却不可避免地带有主观倾向和随机性误评。本章运用 AHP 法，将用户的思维“数学化”，避免评价中出现前后矛盾或乱打分的现象，捕捉用户的准确想法。

在评价指标确定阶段，本章研究秉承第 5 章中已经验证的研究假设，基于“交互界面的系统可用性”和“车道保持水平”两个标准，提出将“适老化交互方式”作为目标层指标，旨在让用户以此为目标，从感知有用和感知易用的角度评估交互方式的宜老性。将研究所关注的六个二级任务作为指标层的评价标准，以明确具体问题，即对于实现“适老化交互方式”这一目标，各个二级任务的重要性如何。在方案层的设定上，基于用户眼动数据分析结论与时下常见交互技术，最终确定了四种待评价方案。本章构建出了完整的 AHP 评价模型，清晰展现了研究的主要脉络，便于从用户的角度判断各个元素的合理性与宜老性。

在一致性检验中，由于本章采用“计算每一位专家的判断矩阵的总排序权值，再对这 12 个总排序权值进行合成以得到群决策的总排序权值”的方法，因此无须对最终获得的综合判断矩阵进行一致性检验。但需要对每一个评价者的判断矩阵进行严格的一致性检验，由于本模型需要构建 7 个判断矩阵，共 12 位评价者，因此需要确保全部 7×12＝84 个判断矩阵通过一致性检验。如此所得到的群决策才是正确、有效的。

通过专家型用户的评价，可以判断出各个二级任务的重要性高低。四种交互方式在操作上存在重叠，但以某一个二级任务的有用性和易用性为评价标准时，各个交互方式都会呈现出不一样的重要程度。因此，交互方式并不是一个孤立的问题，在评价某种交互方式是否适合老年驾驶人时，有必要明确需要侧重的二级任务，再行设计。

7 研究总结与展望

随着中国人口老龄化问题的日益严重，各学科均努力在老年人领域拓展相关研究，有价值的成果不断出现。老龄化问题影响到社会经济发展的各个方面，人们的衣、食、住、行无不受到波及。虽然这一问题可能会对经济发展和社会进步带来一定的不利影响，但我们也必须明确，人口年龄结构的老化并不是毒虫猛兽，如能妥善应对和解决，也会是一个机会、一种资源。多数老年人有比较充沛的时间，且规律性出行较少，时间比较灵活。提高老年人自主出行特别是自驾出行的安全性、合理性、舒适性与高效性，能够鼓励老年人更好地参与社会活动，缓解年轻子女的压力，对于社会和家庭都有很大意义。老年人自主出行问题的解决，一方面反映了社会文明程度的提高，另一方面也为社会资源的合理分配做出了贡献。

本书面向工业设计，从人机交互的立场出发为老龄化社会背景下的老年人自主出行服务。工业设计是一个交叉型学科，研究范畴涉及心理学、社会学、工效学、美学、机械工程学等多种学科，是科学与艺术、文化与技术的融合。柳冠中先生说过，设计是除科学与艺术之外的第三种智慧。鉴于此，工业设计研究也经常需要借鉴其他领域的知识和方法来分析问题、解决问题。

本书的成果可以从两个维度来描述：一是基于交互方式研究的适老化汽车内饰设计建议与合理性评价；二是结合具体研究课题讨论了控制实验

和推断性统计方法在创新思维和设计领域的应用。挖掘车内交互的作用机制是本书的主要创新性成果。设计之路道阻且长，要解决某一具体人群所面对的设计上的问题，需要了解很多知识，绝非一部著作所能解决。但本书努力在此道路上迈出一步，研究所解决的表层问题是老年人自主驾驶出行问题，深层问题则是践行一种设计创新的研究路线，并通过多种检验方法与评价方法，探讨了该种路线的合理性、可行性与局限性。

7.1 研究总结

本书遵循“理论基础—调研—实验—数据分析—设计建议—设计评价”的研究路线，全书中用到的方法包括调研法、PA 法、文献法、实验法、推断性统计方法、访谈法、AHP 法等，融合了质性分析与定量分析的优势。这些方法中，有些已在工业设计领域使用多年，如问卷调研、访谈等；还有些方法则是由其他学科的学者提出，在工业设计领域的应用较少。践行这些方法和工具，并取得有意义的成果，是本书重点笔墨所在。本书在借鉴现有研究成果和经典著作的前提下，翔实阐析了这些方法的特点，与设计研究进行了结合。

交互方式的研究是为设计服务的。研究问题的提出均从设计实践的角度出发，所获得的各个二级任务的影响大小与作用机制可以直接为内饰空间与界面布局设计、操作器设计、面板造型设计等提供参考依据。本书从宏观的视角提出指导设计的建议，而不是具体的设计方案。在应用层面，尚需同行设计师们的后续工作来对这些建议进行检验。

感知年龄理论、二级任务对交互水平的影响、老年人驾驶认知特点、驾驶难度与驾驶过程心理负荷研究之间存在千丝万缕的联系。作为设计研究，基于各领域的理论基础，制定相应评价指标，从实证的角度来串联、整合相关知识体系，体现为具体、直观的设计建议，才能融会这些理论于产品设计当中。

7.1.1 研究结论

通过文献回顾可以发现，在老年人自驾出行领域，日本、澳大利亚、美国的相关研究成果十分丰富，为本书的撰写提供了宝贵资料。我国步入老龄化社会的时间还不是很长，工业设计学科对老年人自驾出行的研究尚未足够深入。与之相对的是，各大设计比赛中相关的设计创新已经很常见，但这些概念性创意设计的研究基础较为薄弱，难以触碰到行为体验的本质。本书旨在为设计提供理论支持，针对设计过程中会面临的交互方式相关问题设计实验，获得数据，经过分析、检验和评价，最终提出设计建议。

研究的理论贡献在于“证实与证伪”理论假设。根据文献回顾结果，结合感知年龄理论、动作精确性理论和老年人驾驶认知理论，本书共提出了四个理论原假设，分别是：

H01：感知年龄与任务完成时间之间不存在显著相关性；

H02：不同交互方式下的心率之间不存在显著性差异；

H03：实验车 B 的典型二级任务的完成时间对界面的系统可用性无显著影响；

H04：实验车 B 的典型二级任务的完成时间对车道保持水平无显著影响。

通过相关分析、多元线性回归分析、Logistic 回归分析等推断性统计方法，推翻了四个原假设。根据研究结论，可知在年龄与任务完成时间的关系上，情况比较复杂。通过研究可知，在实验车 A 的交互方式下，除仪表识读任务之外，其余各任务完成时间与感知年龄均呈现显著正相关，即感知年龄越高，其导航、微信、广播、空调、接打电话任务完成时间越长；而在实验车 B 的交互方式下，感知年龄与各任务完成时间之间均为显著正相关。这就为设计提供了一个参考依据。在确定实验车 B 的交互方式更适合老年驾驶人后，运用回归模型，证伪了原假设 H03 和 H04，说明本交互方式下，导航、微信、仪表识读、广播、空调任务的完成时间均对界面的系统可用性的提升有显著影响，其中，“调整空调”操作完成时间的影响为负；导航、仪表识读、广播和接打电话任务的完成时间对车道保持水平均存在显著影响，导航任务完成时间的影响为负。本书通过实证研究，明确了这些交互行为的作用机理，并提出了设计建议。这些成果将会在具体的设计过程中提供一定的参考依据，在适老化操作器设计、内饰空间与尺度设计、面板造型和辅助设备设计中都可以发挥重要的作用。

在“老年人车内交互的作用机理”研究中，单纯依靠行为分析无法透彻地解释现象，需要使用眼动数据来反映问题背后的原因。本书根据研究需求，使用注视时间、注视次数、瞳孔直径三个指标，分析了四种典型屏幕形式。研究表明，采用纵向双屏或仪表区—中控区连屏来呈现车机信息，比较利于老年驾驶人的信息搜索，并由此提出了三个设计建议。

需要强调的一点是，设计建议不是设计方案，而只是一种“方向”，只有在具体设计项目中践行并产品化后才能真正发挥设计建议的作用。本书也通过 AHP 法采集了专家型用户的评价，进行了群决策，展望了相关研究的可行性、可靠性和局限性。今后，通过具体的设计项目，可以进一步验证三个设计建议的实际操作绩效和用户体验。

7.1.2　对汽车内饰设计的启示

本书的研究目标是为老龄化时代下的汽车内饰设计提供理论基础。书中运用了一些数理分析方法，帮助设计研究人员发现现象背后的本质和规律。如对于触屏交互，设计师会输出多种设计方案，屏幕的尺寸、安装形式、角度等均会对驾驶人的心理负荷和任务完成时间造成影响。那么，如何评估这些设计方案呢？本书发现了任务完成时间的作用机理，在二级任务与人机界面的系统可用性和车道保持水平之间建立了关联，为今后相关设计的评估提供了一定理论依据。在老年人交通工具设计领域，好的推断性统计可以帮助设计师明确很多潜在的问题并对设计机遇进行预测。通过与具体的项目结合，践行合适的数据分析方法并分析其对于设计研究的价值与局限，是本书的目的之一。

就工业设计研究而言，从历史发展的角度来看，早期工业设计可以说是工业革命的产物，之后经由包豪斯得以传扬发展，其主要研究对象是产品设计（柳冠中，1987）。但随着时间的推移，工业设计已经从实体产品外观、造型、色彩的设计拓展到了更高层面，如研究人的生活形态、引导产品的使用方式等。这就需要在用户特征识别、交互水平与行为作用等方面具有足够的理论基础。

工业设计以大批量生产为条件。除少数设计师专门从事定制设计，就整个学科而言，还是以满足大多数人为目的的（柳冠中，1987）。由于学科历史发展的特殊性，对工业设计的范畴和对象的探讨往往过于宽泛。凭借工业设计学科的专业知识，即使努力施行跨学科协同设计，也很难完全照顾从“战略层”到“表现层”的整个产品开发过程。在产品生命周期的各个阶段中，工业设计应该分别采用什么样的方法、研究范式应该做出什么样的改变，学术界一直都有各种声音。但总体来说，设计方法可以说是设计思维的外在反映（蒋雯，2010）。设计思维也即创造性思维，包括抽象思维、形象思维、发散思维、收敛思维等（简召全，2000）。不管使用什么方法进行设计研究，首要前提就是理论成果应能为思维的拓展提供支持。同时，由于设计以满足大多数人为目的，在设计方法的运用过程中，就需要深入讨论其有效程度和可信程度。本书中对所用到的每一种方法，均结合设计需求进行了讨论。这是因为，量化分析的结果虽具有严谨性，但也不能迷信和盲从，对结果的解释需要考虑产品设计所能创造出的可能性。

设计师不能仅仅依托自身的洞察力和创造性思维进行设计，正如设计团队只是整个企业系统中的一个节点，只有在产品开发计划中的各个环节都发挥出作用的前提下，设计才能落地、转化为产品。如何在设计师与用户之间搭建起桥梁是设计概念提出阶段就需要考虑的问题，这就需要设计师了解到现象背后的本质。设计的更高层次是引导用户的使用方式，要做到这一步，就不能仅仅满足于“现状调研”，更要掌握用户总体的行为特征、掌握现象的作用机理。这类理论成果可能不会对产品设计起到直接作用，但这是深入理解设计主体、理解设计对象的一个抓手。柳冠中先生的事理学强调“事”对于设计的重要意义。从“事”的角度出发，内饰设计要做的不仅是车内空间，更是在车内完成交互任务的方式。本书通过对交互方式的研究，探索了交互任务的作用机理，充分支持了以交互任务为切入点完成内饰设计的合理性与可行性，力求能成为“好设计”的一块借力之石。

7.1.3 服务对象与应用领域

本书重在讨论推断性统计方法在用户研究与体验设计领域的应用，结合具体研究实例，分析了一些方法对于设计研究的作用和局限。因此，除了研究过程本身，关于方法的系统性讨论也是本书的价值之一，可以作为工业设计专业研究生撰写专业论文时的参考读物。

本书所提出的设计建议，对于交通服务提供者（如专业咨询机构、交通系统集成机构、交通工具运行支持机构、道路规划部门等）或生活服务提供者（如老年人医疗保健和康复服务、老年人教育服务机构、老年人社会参与服务机构等）可以发挥作用。在第 2 章的交互方式信任感研究、第 3~5 章的行为实验和第 6 章的评价体系构建这三个阶段的研究中，分别寻找了 30 位、60 位、12 位初老期及老年期人士进行访谈及测试。根据各阶段研究需求的不同，所寻找的样本特性也不同，研究结果均通过了统计检验，代表性较好。交通服务提供者和老年人生活服务提供者可以参考本书研究结果开展工作。

目前，已经有很多汽车厂商进入了适老化车辆的设计开发领域，如丰田 Concept-i。依托于自身在传统汽车设计研发领域所积累的专业知识和市场敏锐度，这些交通工具生产及制造企业或部门可以在适老化汽车内饰设计领域发挥更大的作用。随着老龄化问题的日趋严重，本书可作为交通工具生产及制造企业的一个参考。随着初老期人群逐渐步入老年期，可以想见，在不久的将来，经过适老化设计的车辆可以在市场上发挥重要的作用。

7.2 有待进一步研究的问题

本书主要研究老年驾驶员的六种典型性二级任务中的行为特征与完成时间，由此判断两种主流交互方式的宜老性，在验证了交互行为对人机界面的系统可用性和车道保持水平的作用机制后，基于适老化交互方式提出了设计建议。但车内交互中，除二级任务外，驾驶操作任务也是重要组成部分。与传统实体按键/旋钮交互相比，触屏、体感交互动作和语音提示信息对加速、转弯、刹车等单一驾驶操作和超车、并道、倒车等复合型驾驶操作的影响需要通过对照试验来分析。驾驶操作直接由驾驶期望驱动，在时间与空间顺序上，先是出现驾驶期望，其后才会发生驾驶操作动作（肖献强等，2013），因此，研究驾驶操作动作特点，对驾驶行为进行预测，相信研究成果的应用价值会进一步提高，研究结论也可以进行局部的调整。这也是笔者团队下一阶段研究的重要切入点。

本书从设计师的视角，尝试为人车交互与内饰设计的基础理论构建贡献一块砖、一片瓦，致力于发现适合老年驾驶人的交互方式，因此并未探讨车与车之间的关系。在下一步研究中，笔者拟将车辆置于整个交通系统当中，从系统层面分析这一群体的环境参与特征，可以进一步完善研究结论。

在任务完成时间的采集上，由于本书着眼于为设计服务，因此更为注重实验的外部效度，没有采用外接传感器记录数据，以避免被试在感受上产生冰冷感，偏离自然交互状态。采用视频帧数转换成时间的方法，虽然外部效度相对较高，但也由于分析工具所限，所采时间的精度尚有提高空间。在今后的研究中，如能增大样本量，可以考虑适当降低外部效度，采集精度更高的任务完成时间，并由此提高内部效度，获得更为精确的模型。此外，研究表明驾驶员的面部表情信息（如闭眼周期、闭眼次数、嘴角运动次数、运动方向等）可以反映出大量信息，如能用于驾驶行为的预测和分析，相信对于设计概念的准确定位也会有所帮助。

交互方式还有很多种，关于不同交互方式的作业绩效是可以长期持续研究的一个领域。本书只是起到一个抛砖的作用，还有很多不足之处，期冀能引出同行的“玉”，为新时代交通工具的适老化设计做出贡献。

研究不是一蹴而就的，依托于本书结论，相关的研究可以继续展开。在老年人生活服务和交通出行服务方面，尚须进一步研究，才能完善理论体系，解决老年人自主驾驶问题。期待与同行共勉，不断完善、充实本研究领域，为设计服务。

参考文献

[1] Adams L. D. Review of the Literature on Obstacle Avoidance Maneuvers: Braking versus Steering [R]. University of Michigan's Transportation Research Institute, 1994: 24.

[2] Akamatsu M. Establishing Driving Behavior Database and its Application to Active Safety Technologies [J]. Society of Automotive Engineers of Japan, 2003 (57): 34-39.

[3] Akyeampong J., Udoka S., Caruso G., Bordegoni M. Evaluation of Hydraulic Excavator Human-Machine Interface Concepts Using NASA TLX [J]. International Journal of Industrial Ergonomics, 2014 (44): 374-382.

[4] Barak Benny, Schiffman L. G. Cognitive Age: A Nonchronological Age Variable [J]. Advances in Consumer Research, 1981, 8 (1): 602-606.

[5] Barker J., M. Bury. Mobility and the Elderly: A Community Challenge [A]. V. Carver and P. Liddiard (eds.), An Aging Population: A Reader and Sourcebook [C]. New York: Holmes and Meier, 1979.

[6] Birgitta Falk, Henry Montgomery. Promoting Traffic Safety among Young Male Drivers by Means of Elaboration-based Interventions [J]. Transportation Research Part F: Traffic Psychology and Behavior, 2009, 12 (1): 1-11.

[7] Brackstone M. A., Waterson B. J. Are We Looking Where We are Go-

ing? An Exploratory Examination of Eye Movement in High Speed Driving [R]. Proceedings of the 83rd Annual Meeting of the Transportation Research Board, 2004.

[8] Cantin V. et al. Mental Workload When Driving in a Simulator: Effects of Age and Driving Complexity [J]. Accident Analysis and Prevention, 2009, 41 (4): 763-771.

[9] Carmeli E. The Biochemistry of Aging Muscle [J]. Exp Gerontol, 2002, 37 (4): 477-489.

[10] Chua Caroline, Cote Joseph A., Leong Siew Meng. The Antecedents of Cognitive Age [J]. Advances in Consumer Research, 1990 (17): 880-885.

[11] Collet C., Guillot A., Petit C. Phoning While Driving I: A Review of Epidemiological, Psychological, Behavioural and Physiological Studies [J]. Ergonomics, 2010 (53): 589-601.

[12] Deci et al., Ryan R. M. Intrinsic Motivation and Self-Determination in Human Behavior [M]. New York: Plenum, 1985.

[13] Feng X. X., Cao L. B., Zhang Y. X., Gao H. B., Tan L. F. The Effects of Using Taxi-hailing Application on Driving Performance [J]. International Journal of Advanced Robotic Systems, 2019 (16).

[14] Field A. Discovering Statistics Using IBM SPSS Statistics [M]. SAGE Publications Ltd., New York, NY, USA, 2013: 429-477.

[15] Gong X. Y., Liu Z. Y., Zheng X. B., Wu T. L. Why are Experienced Users of WeChat Likely to Continue Using the App? [J]. Asia Pacific Journal of Marketing and Logistics, 2018 (30): 1013-1039.

[16] Gonzalez-Ortega D., Diaz-Pernas F. J., Martinez-Zarzuela M., Anton-Rodriguez M. A Physiological Sensor-Based Android Application Synchronized with a Driving Simulator for Driver Monitoring [J]. Sensors, 2019 (19).

[17] Good C. D., Johnsrude I. S., Ashburner J. et al. A Voxel-based Morphometric Study of Ageing in 465 Normal Adult Human Brains [J]. Neuroimage, 2001, 14 (1): 21-36.

[18] Granholm E., Asarnow R. F., Sarkin A. J., Dykes K. L. Pupillary Responses Index Cognitive Resource Limitations [J]. Psychophysiology, 1996 (33): 457-461.

[19] Granholm E., Morris S., Sarkin A., Asarnow R., Jeste D. Pupillary Responses Index Overload of Working Memory Resources in Schizophrenia [J]. Journal of Abnormal Psychology, 1998 (106): 458-467.

[20] Green P. Visual and Task Demands of Driver Information Systems [R]. The University of Michigan Transportation Research Institute, 1999.

[21] Gwinner Kevin P., Stephens Nancy. Testing the Implied Mediational Role of Cognitive Age [J]. Psychology & Marketing, 2001, 18 (10): 1031-1048.

[22] Hill S. G., Lavecchia H. P., Byers J. C. et al. Comparison of Four Subjective Workload Rating Scales [J]. Human Factors, 1992 (34): 429-439.

[23] Hiroaki Yoshida, Tatsuo Sugitani, Masashi Ohta et al. Development of the Brake Assist System [J]. SAE Transactions, 1998 (107): 1099-1106.

[24] Hiroshi Uno, Kaneo Hiramatsu. Aged Driver's Avoidance Capabilities in an Emergent Traffic Situation [J]. Transaction of Society of Automotive Engineers of Japan, 2001, 32 (1): 113-118.

[25] J. A. Veltman. A Comparative Study of Psychophysiological Reactions During Simulator and Real Flight [J]. The International Journal of Aviation Psychology, 2002, 12 (1): 33-48.

[26] Jensen B. S., Skov M. B., Thiruravichandran N. Studying Driver Attention and Behaviour for Three Configurations of GPS Navigation in Real Traffic Driving [R]. Proceedings of International Conference on Human Factors in Computing Systems, Atlanta, GA, USA, 2010: 51-58.

[27] Jernigan T. L., Archibald S. L., Gamst A. C. et al. Effects of Age on Tissues and Regions of the Cerebrum and Cerebellum [J]. Neurobiol Aging, 2001, 22 (4): 581-594.

[28] Jieyun Ding, Jianqiang Wang, Changchun Liu. Driver Steering Behavior Model Based on Lane-keeping Characteristics Analysis [R]. 17th Inter-

national IEEE Conference on Intelligent Transportation Systems, 2014: 623-628.

[29] [美] John C. Moven, Michael S. Minor. 消费者行为学 [M]. 黄格非, 束珏婷译. 北京: 清华大学出版社, 2003.

[30] Kern D., Marshall P. Gestural Interaction on the Steering Wheel: Reducing the Visual Demand [R]. Vancouver: Proceedings of the SIGCHI Conference on Human Factors in Computing Systems, 2011.

[31] Lee D. N. A Theory of Visual Control of Braking Based on Information about Time-to-collision [J]. Perception, 1976 (5): 437-459.

[32] Lee H., Lee J., Shin M. Using Wearable ECG/PPG Sensors for Driver Drowsiness Detection Based on Distinguishable Pattern of Recurrence Plots [R]. Electronics, 2019 (8).

[33] Lee J. D., Roberts S. C., Hoffman J. D., Angell L. S. Scrolling and Driving How an MP3 Player and Its Aftermarket Controller Affect Driving Performance and Visual Behavior [J]. Hum. Factors, 2012 (54): 250-263.

[34] Lewis R. J. Usability Testing, Handbook of Human Factors and Ergonomics, 3rd ed. [M]. John Wiley: Hoboken, NJ, 2006: 1275-1316.

[35] Li C. G., Wang W. H., Guo H. W., Dietrich A. Cross-Cultural Analysis of Young Drivers' Preferences for In-Vehicle Systems and Behavioral Effects Caused by Secondary Tasks [J]. Sustainability, 2018 (10).

[36] Li L., Song J., Wang F. Y. et al. IVS 05: New Developments and Research Trends for Intelligent Vehicles [J]. IEEE Intelligent Systems, 2005, 20 (4): 10-14.

[37] Li R., Chen Y. V., Sha C. F., Lu Z. P. Effects of Interface Layout on the Usability of In-Vehicle Information Systems and Driving Safety [J]. Displays, 2017 (49): 124-132.

[38] Ma J. S., Sun Y. J. Control Interface Design of Aircraft Cockpit by the Kansei Engineering [R]. In Proceedings of the 5th International Symposium on Knowledge Acquisition and Modeling, Deng, W., Ed., 2015 (80): 251-254.

[39] Manning K. J., M. T. Schultheis. Driving Evaluation in Older Adults

［A］. D. L. Ravdin and L. H. Katzen, D. L. Ravdin, L. H. Katzen (eds.). Handbook on the Neuropsychology of Aging and Dementia ［C］. Springer New York, 2013: 135-152.

［40］ Masahiro Hara, Masashi Ohta. Development of the Brake Assist System ［R］. The 16th International Technical Conference on the Enhanced Safety of Vehicles, 1998: 497-501.

［41］ McGee M. A. Johnson A. L., Kay D. W. The Description of Activities of Daily Living in Five Centres in England and Wales ［J］. Age and Ageing, 1998, 27 (5): 605-613.

［42］ McKenna F. P. The Human Factor in Driving Accidents: An Overview of Approaches and Problems ［J］. Ergonomics, 1982 (25): 867-877.

［43］ Napoletano P., Rossi, S. Combining Heart and Breathing Rate for Car Driver Stress Recognition ［R］. In 2018 IEEE 8th International Conference on Consumer Electronics-Berlin, Moeller, R., Ciabattoni, L., eds., 2018.

［44］ Owens J. M., Mclaughlin S. B., Sudweeks J. Driver Performance While Text Messaging Using Handheld and In-vehicle Systems ［J］. Accid. Anal. Prev, 2011 (43): 939-947.

［45］ Pfeiffer E. A Short Portable Mental Status Questionnaire for the Assessment of Organic Brain Deficit in Elderly Patients ［J］. Journal of the American Geriatrics Society, 1975, 23 (10): 433-441.

［46］ Ranney A., Harbluk L. Effects of Voice Technology on Test Track Driving Performance: Implications for Driver Distraction ［J］. Human Factors, 2005, 47 (2): 439-454.

［47］ Rastgoo M. N., Nakisa B., Rakotonirainy A., Chandran V., Tjondronegoro D. A Critical Review of Proactive Detection of Driver Stress Levels Based on Multimodal Measurements ［J］. Acm Computing Surveys, 2019 (51).

［48］ Richard C. M., Wright R. D., Ee C. et al. Effect of a Concurrent Auditory Task on Visual Search Performance in a Driving-related Image-flicker Task ［J］. Human Fact J Human Fact Ergonom Soc, 2002 (44): 108-119.

[49] Rumar K. The Basic Driver Error: Late Detection [J]. Ergonomics, 1990 (33): 1281-1290.

[50] Salat D. H., Bucker R. L., Snyder A. Z. et al. Thinning of the Cerebral Cortex in Aging [J]. Cerebral Cortex, 2004, 14 (7): 721-30.

[51] Satoru Tsutsui, Takashi Yonekawa. Driver's Characteristics of Avoidance Maneuver [J]. Toyota Technical Review, 1995, 45 (1): 57-61.

[52] Schiffman L. G., Sherman E. Value Orientations of New-age Elderly: The Coming of an Ageless Market [J]. Journal of Business Research, 1991 (22): 187-194.

[53] Seidler R. D., Alberts J. L., Stelmach G. E. et al. Changes in Multi-joint Performance with Age [J]. Motor Control, 2002, 6 (1): 19-31.

[54] Selander H., I. Bolin, T. Falkmer. Does Automatic Transmission Improve Driving Behavior in Older Drivers? [J]. Gerontology, 2012, 58 (2): 181-187.

[55] Settersten R. A. Jr., Mayer K. U. The Measurement of Age, Age Structuring, and the Life Course [J]. Annual Review of Sociology, 1997 (23): 233-261.

[56] Stephens N. Cognitive Age: A Useful Concept for Advertising? [J]. Journal of Advertising, 1991, 20 (4): 37-48.

[57] T. A. Dingus, S. Klauer, V. R. Lewis, et al. The 100-Car Naturalistic Driving Study Phase II - Results of the 100 - Car Field Experiment. National Highway Traffic Safety Admin, 2006.

[58] Takahashi A., Akamatsu M. Speed Choice Model of Curve Entering Based on Driving Behavior Database [J]. Transactions - Society of Automotive Engineers of Japan, 2010, 41 (5): 981-986.

[59] Takahiro Wada, Norimasa Kamiji. Correlation between Functional Depreciation with Age and Driver's Behavior in Emergency [R]. ITSC2002, 2002: 284-289.

[60] Thomas A. Ranney. Models of Driving Behavior: A Review of Their

Evaluation [J]. Accid. Anal. and Prev., 1994, 26 (6): 733-750.

[61] T. L. Saaty. The Analytic Hierarchy Process [M]. McGraw Hill, Inc., 1980.

[62] Torner Toledo, Oren Musicant, Tsippy Lotan. In-vehicle Data Recorders for Monitoring and Feedback on Driver's Behavior [J]. Transportation Research Part C., 2008 (16): 320-331.

[63] Tsimhoni O., Smith D., Green P. Address Entry While Driving: Speech Recognition versus a Touch-screen Keyboard [J]. Hum. Factors, 2004 (46): 600-610.

[64] Tsuyoshi Moriyama. A Study of Emergency Maneuverability [J]. Toyota Technical Review, 1995, 45 (1): 49-55.

[65] Tunnell G. B. Three Dimensions of Naturalness: An Expended Definition of Field Research [J]. Psychological Bulletin, 1977 (84): 426-437.

[66] Utsugi A., Kato S., Akamatsu M. Construction of Long-Distance Driving Behavior Database and Driving Behavior Analysis [J]. Fall Annual Congress, Soeiety of Automotive Engineers of Japan: 2006 JSAE Annual Congress, 2006.

[67] Vincent Cantin, Martin Lavalliere, Martin Simoneau. Mental Workload When Driving in a Simulator: Effects of Age and Driving Complexity [J]. Accident Analysis & Prevention, 2009, 41 (4): 763-777.

[68] Wang Y. Y., Liu Q. F., Lou W. L., Xiong D. Q., Bai Y., Du J., Guo X. C. Ergonomics Evaluation of Large Screen Display in Cockpit Based on Eye-Tracking Technology [R]. In Man-Machine-Environment System Engineering, Mmese 2018, Long, S., Dhillon, B. S., eds., 2019 (527): 347-356.

[69] Wei Sheng-Chung. Consumers' Demographic Characteristics, Cognitive Ages, and Innovativeness [J]. Advances in Consumer Research, 2005 (32): 633-640.

[70] Wilkes Robert E. A Structural Modeling Approach to the Measurement and Meaning of Cognitive Age [J]. Journal of Consumer Research, 1992, 19 (2): 292-301.

[71] Yager C., Chrysler S. T., Cooper S. T. An Investigation of the Effects of Reading and Writing Text-Based Messages While Driving; Technical Report SWUTC/11/476660-00024-1; Texas Transportation Institute, The Texas A&M University System: College Station, TX, USA, 2011.

[72] Yang H., Zhao Y. Analysis of Effects of Interaction Modes on IVIS Based on Sensory Information Recognition [R]. In Proceedings of Proceedings of the 2018 2nd International Conference on Big Data and Internet of Things, Beijing, China.

[73] Yasushi Amano, Masatoshi Hada. A Model of Driver's Behavior in Ordinary and Emergent Situations [J]. 1998, 33 (1): 23-30.

[74] Young K. L., Mitsopoulos Rubens E., Christina M. et al. The Effects of Using a Portable Music Player on Simulated Driving Performance and Task-sharing Strategies [J]. Applied Ergonomics, 2012, 43 (4): 738-746.

[75] Zetlin L. R. Estimates of Driver Mental Workload: A Long-term Field Trial of Two Subsidiary Tasks [J]. Human Factors, 1995, 37 (3): 611-621.

[76] Zhang Dianye, Wang Wuhong, Cao Qi. Evaluation on Glare Response to Car Headlight and Driver's Visibility [J]. Journal of Southwest Jiaotong University, 1996, 4 (2): 192-196.

[77] Zhang Lei, Wang Jianqiang, Li Keqiang et al. An Instrumented Vehicle Test Bed and Analysis Methodology for Investigating Driver Behavior [R]. 14th World Congress on Intelligent Transport Systems, Beijing, CD-ROM, 4046, 2007.

[78] Zhou R. G., Rau P-L P., Zhang W., et al. Mobile Phone Use While Driving: Predicting Drivers' Answering Intentions and Compensatory [J]. Safety Science, 2012, 50 (1): 138-149.

[79] Zviran M., Glezer C., Avni I. User Satisfaction from Commercial Web Sites: The Effect of Design and Use [J]. Information & Management, 2006 (43): 157-178.

[80] 北京晚报. 无照驾驶老年代步车将被拘留 [EB/OL]. (2013-12-

06）［2016-04-02］. http：//www. chinadaily. com. cn/dfpd/shehui/2013-12/06/content_ 17157639. htm.

［81］卜建，刘银鑫，王艳军. 空中交通管制员的眼动行为与疲劳关系［J］. 航空学报，2017，38（S1）：57-62.

［82］陈敏娜，晋民杰，王快等. 基于 Fuzzy AHP 的煤矿机械工业设计评价［J］. 太原科技大学学报，2015（3）：223-227.

［83］陈晓晨. 驾驶决策的特征及其影响因素研究［D］. 辽宁师范大学博士学位论文，2013.

［84］初秀民，严新平，吴超仲等. 汽车驾驶操作信息数据库与采集系统设计［J］. 中国安全科学学报，2005，15（1）.

［85］冯永岗. 列车驾驶仿真器操作评价系统的设计与开发［D］. 西南交通大学硕士学位论文，2013.

［86］冯志勇. 轮机模拟器操作评分系统的设计与开发［D］. 武汉理工大学硕士学位论文，2010.

［87］甘怡群，张轶文，邹玲. 心理与行为科学统计［M］. 北京：北京大学出版社，2005.

［88］顾大男. 老年人年龄界定和重新界定的思考［J］. 中国人口科学，2000（3）：42-51.

［89］管倖生，阮绿茵，王明堂等. 设计研究方法［M］. 台北：全华图书股份有限公司，2007.

［90］郭晋武. 老年人认知障碍简易测定方法的初步研究［J］. 中国心理卫生杂志，1998（5）：13-14+9.

［91］郭堃. 老龄化社会的交通安全问题研究［D］. 长安大学硕士学位论文，2006.

［92］国家统计局人口和社会科技统计司. 中国人口统计年鉴 2001［M］. 北京：中国统计出版社，2001.

［93］胡飞. 洞悉用户：用户研究方法与应用［M］. 北京：中国建筑工业出版社，2010.

［94］简召全. 工业设计方法学［M］. 北京：北京理工大学出版

社，2000.

［95］姜向群，杜鹏. 中国人口老龄化和老龄事业发展报告［M］. 北京：中国人民大学出版社，2013.

［96］蒋雯. 产品创新设计理论与方法综述［J］. 包装工程，2010（2）：130-134.

［97］京华时报. 中国24%老人靠养老金生活 40.7%靠家庭供养［EB/OL］.（2014-01-09）［2016-04-02］. http：//www. rbc. cn/jdxw/2014/0109/923868. htm.

［98］李德慧，胡江碧，荣建等. 驾驶行为研究模拟舱试验整体方案［J］. 交通与计算机，2006，24（5）.

［99］李金波，许百华. 人机交互过程中认知负荷的综合测评方法［J］. 心理学报，2009，41（1）：35-43.

［100］李娜. 历史文化名城保护及综合评价的AHP模型［J］. 基建优化，2001（1）：46-47+50.

［101］李宁，梁宁建，林小苹. 不同认知负荷汉字输入的眼动研究［J］. 心理科学，2008（1）：54-57.

［102］李文权. 中国老年人交通事故分析及预防对策［J］. 道路交通与安全，2005（5）：22-24+40.

［103］李杏元. 山区双车道公路驾驶员特性实验研究［D］. 吉林大学硕士学位论文，2007.

［104］李转，苟秉宸，杨延璞等. 基于AHP-灰色聚类的飞机客舱内环境工业设计评价［J］. 航空计算技术，2013（5）：52-55+60.

［105］林稚婷，吴欣洁. 摇杆与机械式手控制器之驾驶使用性评估研究［D］. 朝阳科技大学硕士学位论文，2013.

［106］刘超. 中国老年消费者行为——西方理论与中国实证［M］. 广州：暨南大学出版社，2008.

［107］刘晶，孙龙. 驾驶员决策风格对驾驶风格的影响［J］. 人类工效学，2015，21（4）：18-21.

［108］刘伟，吴玲，朱诗慧等. LCT标准试验环境下的驾驶次任务试验

与绩效指标研究［J］. 中国公路学报，2015，28（6）：104-111.

［109］刘霞. 社会学中的定量分析与模型［D］. 首都师范大学硕士学位论文，2007.

［110］刘雁飞. 驾驶行为建模研究［D］. 浙江大学博士学位论文，2007.

［111］刘遗志，刘煜. 消费者创新性对移动购物意愿的影响——基于扩展的技术接受模型视角［J］. 中国流通经济，2015（7）：102-108.

［112］柳冠中. 当代文化的新形式——工业设计［J］. 文艺研究，1987（6）：72-84.

［113］龙敏. 中国老年人日常生活自理能力的影响因素研究［D］. 华东师范大学硕士学位论文，2013.

［114］吕筠，李立明. 老年伤害研究回顾［J］. 疾病控制杂志，1999（4）：300-303.

［115］马文军，潘波. 问卷的信度和效度以及如何用 SAS 软件分析［J］. 中国卫生统计，2000（17）：364-365.

［116］毛海虓，任福田. 面向老龄社会的城市交通探析［J］. 武汉理工大学学报（信息与管理工程版），2005（3）：64-67.

［117］［美］Frederick J. Gravetter，Larry B. Wallnau. 行为科学统计［M］. 王爱民，李悦等译. 北京：中国轻工业出版社，2008.

［118］［美］Jakob Nielsen. 可用性工程［M］. 刘正捷等译. 北京：机械工业出版社，2004.

［119］［美］Johnson Edna B. Cognitive Age：A Key to Understanding Consumer Alienation in the Mature Market［J］. The Mid - Atlantic Journal of Business，1995，31（3）：259-270.

［120］［美］艾尔·巴比. 社会研究方法［M］. 北京：华夏出版社，2009.

［121］［美］Menard S. 应用 logistic 回归分析［M］. 李俊秀译. 上海：格致出版社，上海人民出版社，2012.

［122］孟亚. 基于人机工程学的老年人助行工具设计研究［D］. 陕西科技大学硕士学位论文，2012.

［123］欧阳虹. 心理实验设计与评价的初步分析［J］. 衡水学院学报，

2009（5）：125-128.

［124］裴晓梅. 从“疏离”到“参与”：老年人与社会发展关系探讨［J］. 学海，2004（1）：113-120.

［125］彭玉元，鲁家亮. 基于车联网的车载信息娱乐系统交互设计研究［J］. 电子世界，2018（20）：136-137.

［126］钱宇彬. 夜间高速公路长途大型客车驾驶员心电与操作行为特征研究［D］. 长安大学博士学位论文，2011.

［127］人社部政策研究司. 2015 年四季度新闻发布会答问实录［EB/OL］.（2016-01-22）［2016-04-02］. http：//www. mohrss. gov. cn/gkml/xxgk/201601/t20160127_ 232565. htm.

［128］舒湘鄂. 设计物语——设计学的基础理论研究［M］. 杭州：浙江大学出版社，2013.

［129］孙崇勇，刘电芝. 认知负荷主观评价量表比较［J］. 心理科学，2013（1）：194-201.

［130］孙向红，杨帆. 车辆驾驶心理负荷测量工具的测评与发展：一个现场研究的尝试［J］. 人类工效学，2008（3）：27-31.

［131］谭浩，谭征宇，景春晖等. 汽车人机交互界面设计［M］. 北京：电子工业出版社，2015.

［132］谭宗奎，陈庄洪，徐永年等. 老年人交通事故伤特点及创伤改良评分的应用［J］. 实用老年医学，1997（5）：39-40.

［133］陶立. 机动车驾驶员不当驾驶行为特征与判别指标分析［D］. 清华大学硕士学位论文，2012.

［134］田生彩，方卫宁，郭北苑等. 面向客户的协同工业设计产品方案评价系统［J］. 计算机集成制造系统-CIMS，2003（S1）：65-69+74.

［135］田蕴，毛斌，王馥琴. 设计心理学［M］. 北京：电子工业出版社，2013.

［136］王博伦. 未来乘用车仪表板系统造型设计研究［D］. 华中科技大学硕士学位论文，2016.

［137］王超，于超博. 基于多生理参数的空中交通管制员认知负荷综

合评估［J］. 科学技术与工程，2014，14（27）：295-300.

［138］王凡. 现场实验的内部和外部效度——兼与实验室实验的效度比较［J］. 心理科学，2008（4）：932-935.

［139］王憓. 城乡不同居住模式老年人健康状况及影响因素研究［D］. 浙江大学博士学位论文，2012.

［140］王济川，郭志刚. Logistic 回归模型——方法与应用［M］. 北京：高等教育出版社，2001.

［141］王佳敏. 基于驾驶模拟技术的老年驾驶员驾驶行为研究［D］. 北京建筑大学硕士学位论文，2019.

［142］王琳虹，李世武，周茹波，杨志发，冀秉魁，姚雪萍. 高速公路路侧景观色彩对驾驶员心率指标的影响［J］. 吉林大学学报（工学版），2013，43（1）：74-80.

［143］王盛学. 电动代步车的结构设计分析与开发［D］. 重庆大学硕士学位论文，2007.

［144］王甦，汪安圣. 认知心理学［M］. 北京：北京大学出版社，1992.

［145］王武宏，孙逢春，曹琦等. 道路交通系统中驾驶行为理论与方法［M］. 北京：科学出版社，2001.

［146］王晓原，杨新月. 基于决策树的驾驶行为决策机制研究［J］. 系统仿真学报，2008（2）：415-419+448.

［147］王昕怡，周荣刚，把余韬，张伟. 驾驶过程中手机使用的补偿式行为［J］. 工业工程，2015，18（6）：37-43.

［148］吴海伟. 驾驶行为数据库系统开发及其应用研究［D］. 长安大学硕士学位论文，2011.

［149］吴杰等. 中国健康人群正常心率范围的调查［J］. 中华心血管病杂志，2001（6）：52-54.

［150］吴玉韶. 中国老龄事业发展报告（2013）［M］. 北京：社会科学文献出版社，2013.

［151］项怀诚. 养老储备基金管理：国际经验与中国实践［M］. 北京：中国财政经济出版社，2005.

［152］潇潇. 老年人选车：独钟自动挡［J］. 老人天地，2005（5）：38.

［153］肖献强，任春燕，王其东. 基于隐马尔可夫模型的驾驶行为预测方法研究［J］. 中国机械工程，2013（21）：2972-2976.

［154］肖献强，王其东. 基于驾驶行为的汽车主动安全技术研究［J］. 中国机械工程，2010（19）：2390-2393.

［155］肖元梅，王治明，王绵珍等. 主观负荷评估技术和 NASA 任务负荷指数量表的信度与效度评价［J］. 中华劳动卫生职业病杂志，2005（3）：178-181.

［156］谢宇. 回归分析［M］. 北京：社会科学文献出版社，2013.

［157］谢宇. 社会学方法与定量研究［M］. 北京：社会科学文献出版社，2012.

［158］辛向阳. 交互设计：从物理逻辑到行为逻辑［J］. 装饰，2015（1）：58-62.

［159］辛杨. AHP 在群决策中的应用研究［D］. 大连理工大学硕士学位论文，2001.

［160］新民晚报. 渐进式延迟退休方案或 2022 年实施［EB/OL］.（2016-03-04）［2016-04-02］. http：//news. xinhuanet. com/health/2016-03/04/c_ 128771822. htm.

［161］邢福义."最"义级层的多个体涵量［J］. 中国语文，2000（1）：16-26+93.

［162］严进洪. 反应时与动作速度精确度之关系［J］. 体育科学，2001（1）：66-68+78.

［163］杨玚，邓赐平. NASA-TLX 量表作为电脑作业主观疲劳感评估工具的信度、效度研究［J］. 心理研究，2010（3）：36-41.

［164］杨浩. 基于人因测量的工业设计研究方法初探——以面向老年人的交通工具设计研究为例［R］. 设计驱动商业创新：2013 清华国际设计管理大会，2013.

［165］杨浩. 老年人合理驾驶方式研究切入点探讨［J］. 创意设计源，2015（4）：63-67.

［166］姚明月. 我国老年代步车市场调查研究［J］. 现代商贸工业，2015（10）：76-78.

［167］叶龙，李森. 安全行为学［M］. 北京：清华大学出版社，2005：97-99.

［168］应斌. 美国细分模型对我国老年市场界定及营销的启示［J］. 江汉大学学报，2003（4）：80-84.

［169］曾诚，蔡凤田，刘莉等. 不同驾驶操作方法下的汽车运行燃料消耗量分析［J］. 交通节能与环保，2010（2）：23-26.

［170］张成忠，吕屏. 设计心理学［M］. 北京：北京大学出版社，2007.

［171］张殿业，金键，杨京帅. 老年人驾驶反应行为分析［J］. 交通运输工程与信息学报，2004，2（3）：1-5.

［172］张殿业. 汽车驾驶员暗适应能力与夜间安全行车分析［J］. 中国公路学报，1999，12（4）：107-109.

［173］张殿业，王武宏，曹琦. 驾驶员反应能力与最高时速的安全可靠性分析［J］. 中国公路学报，1998，11（1）：109-114.

［174］张殿业，张开冉. 道路标线对驾驶行为模式的影响［J］. 中国公路学报，2001，14（4）：89-90.

［175］张桂宾. 相对程度副词与绝对程度副词［J］. 华东师范大学学报（哲学社会科学版），1997（2）：92-96.

［176］张开冉. 低驾龄驾驶人典型驾驶心理—行为特性研究［D］. 西南交通大学博士学位论文，2008.

［177］张晴，赵晶心，董德存. 交通事故管理智能决策支持系统设计初探［J］. 铁道科学与工程学报，2008（3）：83-88.

［178］张文彤，董伟. SPSS 统计分析高级教程［M］. 北京：高等教育出版社，2013.

［179］张仙峰，叶文玲. 当前阅读研究中眼动指标述评［J］. 心理与行为研究，2006（3）：236-240.

［180］张艳玲. 历史文化村镇评价体系研究［D］. 华南理工大学博士学位论文，2011.

[181] 张政. 老年人出行行为特征及其分析方法研究 [D]. 北京交通大学硕士学位论文, 2009.

[182] 赵焕臣. AHP 法：一种简易的新决策方法 [M]. 北京：科学普及出版社, 1986.

[183] 赵江洪. 人机工程学 [M]. 北京：高等教育出版社, 2007.

[184] 赵军. 基于人的自然行为倾向的产品设计研究 [D]. 南昌大学硕士学位论文, 2008.

[185] 赵莉，孙钰，王海滋等. 基于概率分布理论的大样本群专家意见集结模式研究 [J]. 统计与决策, 2015 (23)：21-23.

[186] 赵晓华，荣建，张志清. 驾驶行为模拟实验平台及其应用研究 [M]. 北京：人民交通出版社, 2013.

[187] 郑延平. 量表研究的策略 [J]. 国外医学：精神病学分册, 1987 (3)：144-148.

[188] 周华东，邓娟，李静等. 老年驾驶员神经心理学检测 [J]. 中华创伤杂志, 2007, 23 (11)：868-869.

[189] 周荣刚. 驾驶中移动电话的使用：基于自我调整行为的研究视角 [J]. 心理科学进展, 2014, 22 (8)：1328-1337.

[190] 朱国文，王晶，张亚，胡红信. 使用手机微信对驾驶安全影响及对策研究 [J]. 中国信息界, 2017 (6)：88-92.

附　录

附录 A　“交互方式信任感研究”所用的引导问题

抛出引导问题，是为了便于质性分析时对语料进行有效编码。问题不必全部问完，1、2、3、7、8、9 的第一问是必问的，其他只是引导。如果对方很健谈，应引导对方多说自己的经历和感受。受访者回答时间为人均 3~5 分钟（不包括访谈者提问时间和受访者思考时间）。

1. 您有几年驾龄？在哪些年以开车为主要出行方式？目前还开车吗？

2. 汽车的驾驶让您感觉如何？好还是不好？危险还是安全？快捷还是不便？紧张还是放松？易于控制还是很难控制（特别是在人口较密集的小区、小路上）？

3. 中控区域的按键、旋钮等控制器（挡位锁、自动泊车、油箱/后备箱开关、空调/广播等）有没有什么问题？比如您并没有刻意去控制，却会不经意间碰到；或想要执行某一功能，却难以及时找到。

4. 您觉得车内提示信息充分吗？还是信息量太大让您感觉很难识别？比如在行驶过程中，仪表上的几项信息是否清晰明确？

5. 您觉得车内交互应该是怎样的？希望功能更少一点？还是更复杂一点以便实现更多功能？

6. 您觉得车内辅助设备（如智能后视镜、车载音响、收音机、氛围灯等）必要吗？这些辅助设备的使用是否曾经让您有过分心甚至误操作的经历？

7. 您觉得对于您来说，小汽车与摩托车驾驶相比，优势在哪儿？缺点在哪儿？

8. 您认为语音提示是否有用？如没有该类功能，您会感到有所困惑吗？

9. 您认为体感交互是否有用？如加入该类功能，您会感到更加方便吗？

附录 B　简易精神状态检查量表（SPMSQ 量表）

引用长期照顾服务个案评估表（1996 年 11 月 15 日）

认知功能评估（需个案自答不可代答）

进行方式：依下表所列的问题，询问个案并将结果记录下来（如果个案家中没有电话，可将 4 题改为 4A 题），答错的问题请记录下来。

对	错	问题	注意事项
		1. 今天是哪年哪月哪日？__年__月__日	年月日都对才算正确
		2. 今天是星期几？	星期对才算正确
		3. 这里是什么地方？	对所在地的任何描述都算正确；说“我家”或正确说出城镇等都可接受
		4. 你的电话号码是多少？	证实电话号码无误即算正确；或在会谈时，能在两次间隔较长的时间内重复相同的号码即算正确
		4A. 你住在什么地方？	当个案没有电话时才问
		5. 你几岁了？	年龄与出生年月日符合才算正确

续表

对	错	问题	注意事项
		6. 你的生日是哪一天?	年月日都对才算正确
		7. 现任总统是谁?	姓氏正确即可
		8. 前任总统是谁?	姓氏正确即可
		9. 你妈妈叫什么名字?	不需特别证实，只需个案说出一个与他不同的女性姓名即可
		10. 从 20 减 3 开始算，一直减 3 减下去	期间如出现任何错误或无法继续进行即算错误

错误题数：________题

附录 C 日常生活自理能力测量量表（IADL 量表）

工具性日常生活活动能力（IADL）（以最近一个月的表现为准）

1. 上街购物［□不适用（勾选“不适用”者，此项分数视为满分）］
□3. 独立完成所有购物需求　□2. 独立购买日常生活用品
□1. 每一次上街购物都需要有人　□0. 完全不会上街购物

2. 外出活动［□不适用（勾选“不适用”者，此项分数视为满分）］
□4. 能够自己开车、骑车　□3. 能够自己搭乘大众交通工具
□2. 能够自己搭乘出租车但不会搭乘大众交通工具　□1. 当有人陪同可搭出租车或大众交通工具　□0. 完全不能出门

3. 食物烹调［□不适用（勾选“不适用”者，此项分数视为满分）］
□3. 能独立计划、烹煮和摆设一顿适当的饭菜　□2. 如果准备好一切佐料，会做一顿适当的饭菜
□1. 会将已做好的饭菜加热　□0. 需要别人把饭菜煮好、摆好

续表

工具性日常生活活动能力（IADL）（以最近一个月的表现为准）
4. 家务维持［□不适用（勾选“不适用”者，此项分数视为满分）］ □4. 能做较繁重的家事或需偶尔家务协助（如搬动沙发、擦地板、洗窗户） □3. 能做较简单的家务，如洗碗、铺床、叠被　□2. 能做家务，但不能达到可被接受的整洁程度 □1. 所有的家务都需要别人协助　□0. 完全不会做家务
5. 洗衣服［□不适用（勾选“不适用”者，此项分数视为满分）］ □2. 自己清洗所有衣物　□1. 只清洗小件衣物　□0. 完全依赖他人
6. 使用电话的能力［□不适用（勾选“不适用”者，此项分数视为满分）］ □3. 独立使用电话，含查电话簿、拨号等　□2. 仅可拨熟悉的电话号码 □1. 仅会接电话，不会拨电话　□0. 完全不会使用电话
7. 服用药物［□不适用（勾选“不适用”者，此项分数视为满分）］ □3. 能自己负责在正确的时间用正确的药物　□2. 需要提醒或少许协助 □1. 如果事先准备好服用的药物分量，可自行服用　□0. 不能自己服用药物
8. 处理财务能力［□不适用（勾选“不适用”者，此项分数视为满分）］ □2. 可以独立处理财务　□1. 可以处理日常的购买，但需要别人协助　□0. 不能处理钱财

附录 D　研究项目参与者知情承诺书

研究名称：适老化车内交互方式研究

研究单位：北方工业大学—机械与材料工程学院—工业设计系

研究组织者：杨浩（博士，讲师）

实验描述：

实验共需 30 分钟左右，包括填写问卷、实验指导与练习、驾驶操作和填写反馈的时间。实验结束后，您会得到60元的报酬和一份小纪念品。

在实验中，参与者需要做什么？

1. 您会被邀请去驾驶一辆大众速腾2012款汽车，在指定场地上进行5~6分钟的驾驶。驾驶操作包括：

（1）沿直线行驶，约1600米；

（2）在弯道位置左转弯；

（3）继续沿直线行驶，约1200米；

（4）沿指定曲线道路驾驶，约200米；

（5）如遇到工作人员举起旗子，需紧急刹车；

（6）在指定位置进行倒车。

实验指导结束之后，在整个驾驶过程中研究人员和工作人员均不会与您发生交流，请以最为自然的状态进行驾驶操作。如遇到问题无法继续实验，可暂停，请研究者进行调整。车上，会在您的左方、后方安装两台行车记录设备对您的车内交互操作进行录像；您需要携带一台生物电反馈仪和一台笔记本电脑，这些设备会整合进一个背包里，不会对您的操作造成影响和不便。

2. 您会被要求去驾驶一辆大众速腾2019款汽车，在指定场地上进行5~6分钟的驾驶。驾驶操作项目和注意事项同步骤1。

3. 驾驶完成后，您需要花5分钟左右填写一份评价表格，来反映这个实验任务对于您来说有多大的难度。填写完后，整套流程结束。

参与者须知：

1. 实验之后，同意研究者使用您的实验过程录像进行研究和论文撰写；同意研究者在不公布您的个人信息的情况下将您的照片运用于将来的成果之中，图片版权属于研究者。

2. 实验设备经过研究者团队和专业技术人员的严格检查，是绝对安全的。在您没有突发性疾病的情况下，不会对您的身体造成伤害。因此，请您审度自己的健康状况进行报名。

我们希望：

如果您愿意，我们希望您能留下“三个一”：一张照片，一句对我们研究的建议，一个对未来老年人交通出行的想法。同时，我们今后的研究和实验也需要您的支持。如您愿意，欢迎回来参与我们其他的研究和实验！我们在此表示衷心的感谢！

附录 E　感知年龄测量量表①

（1）大多数时候，我觉得我还是____年龄段的人。

（2）大多数时候，我看上去还是____年龄段的人。

（3）我的兴趣还和____年龄段的人相同。

（4）我做的事情和____年龄段的人相同。

附录 F　NASA-TLX 量表

1. 从脑力需求上来说，本驾驶任务难度如何？
（如思考、决策、计算、记忆、观望、搜索等）

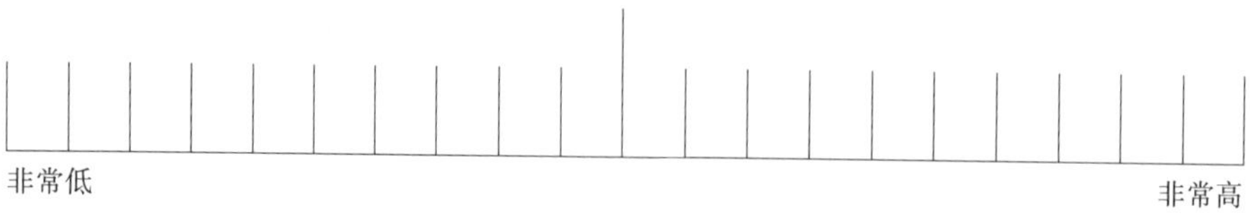

① Barak Benny, Schiffman L. G. Cognitive Age: A Nonchronological Age Variable [J]. Advances in Consumer Research, 1981, 8 (1): 602-606.

2. 从体力需求上来说，本驾驶任务难度如何？

（推、拉、转弯、控制等）

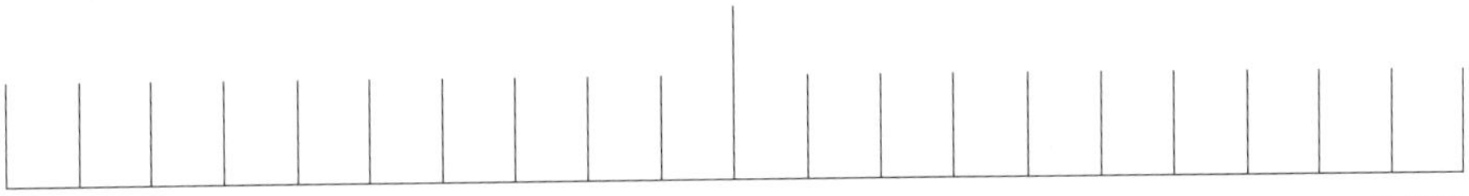

非常低　　非常高

3. 从时间需求上来说，本驾驶任务难度如何？

（任务节奏是否过快、是否会让您感觉很紧迫等）

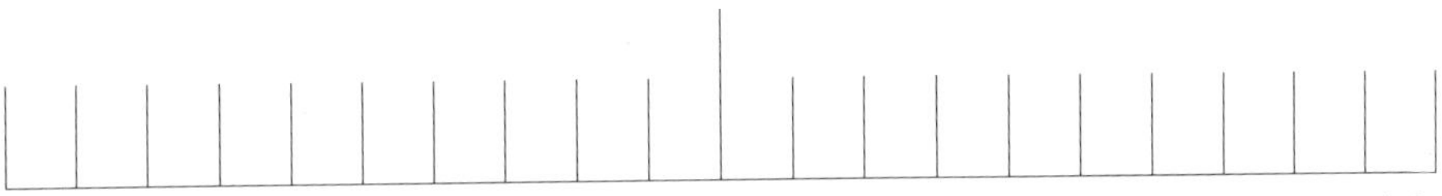

非常低　　非常高

4. 受挫程度。

（在任务中您会感觉到沮丧、愤怒、紧张、被冒犯吗）

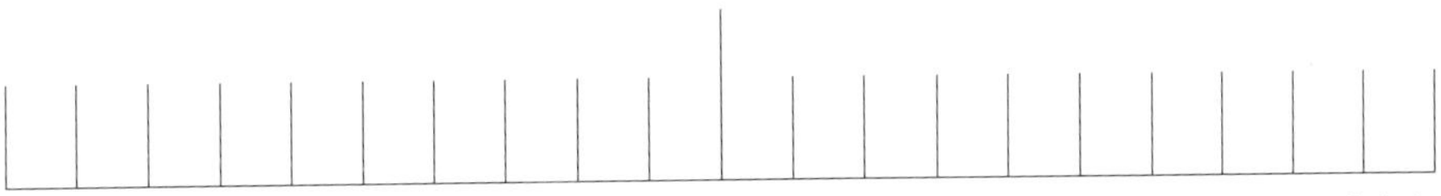

非常低　　非常高

5. 业绩水平。

（在完成本实验的过程中，您认为自己表现有多好？您对自己的满意程度如何）

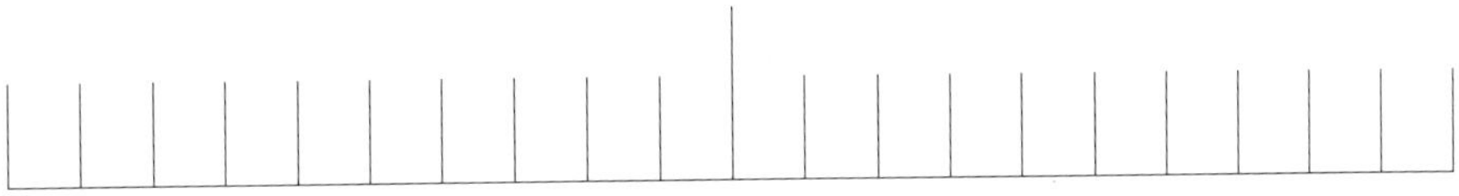

优　　劣

6. 努力程度。

（为了实现您在实验中表现出来的水平，您做出了多大努力）

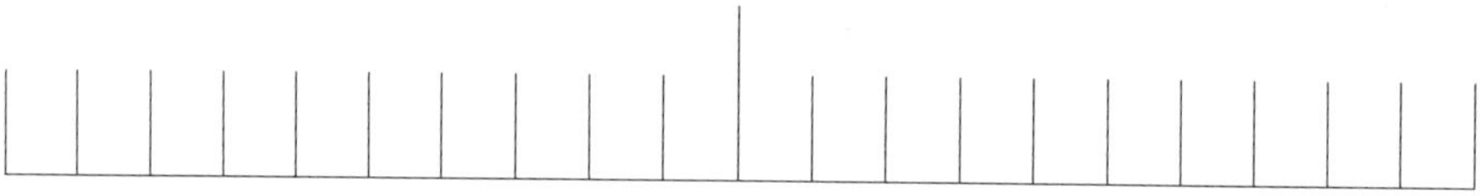

非常低　　非常高

附录 G　NASA-TLX 量表配对方法

您好，下表是对心理负荷量表（NASA-TLX）的两两配对的汇总表，请您在每对中选择出您认为与总负荷之间关系更为密切的一个指标，并在其后面的方框中打“√”：

脑力需求		脑力需求		脑力需求		脑力需求	
体力需求		时间需求		努力程度		业绩水平	

脑力需求		体力需求		体力需求		体力需求	
受挫程度		时间需求		努力程度		业绩水平	

体力需求		时间需求		时间需求		时间需求	
受挫程度		努力程度		业绩水平		受挫程度	

努力程度		努力需求		业绩需求			
业绩水平		受挫程度		受挫程度			

后　记

对于工业设计理论研究而言，其根本是在设计者与用户之间建立新的对话关系。而要建立这样一种关系，总是离不开跨学科的一些研究方法的。工业设计虽然是一种创造性的活动，但其目的是为物品、过程、服务以及它们在整个生命周期中构成的系统建立起优秀的品质，具有客观性与科学性。从这个角度出发，从社会科学和自然科学领域汲取营养，筛选并应用合适的研究和分析方法是做设计研究必备的一环。以此为出发点，我笃定了要完成一本专著的信念，希望能通过具体的研究课题，系统剖析一些跨学科研究方法。

我于攻读博士学位期间开始关注老年人出行问题，在导师严扬教授的指导下，经过大量研究，分析了低速代步车辆的驾驶问题，并完成了博士论文的撰写。在从教三年多的时间里，将研究重点转向这一群体的汽车驾驶行为与交互设计领域，基于博士论文的研究框架与技术路线，著成本书。书中融入了多年研究成果，但求能抛出一块砖，为解决老龄化背景下的居民出行问题略尽绵薄之力。回顾博士求学生涯，四年中的每一个日夜仿佛历历在目。每次翻阅、审校书稿，都会想起清华园内的那段时光。

在此，我要首先对我敬爱的博士生导师严扬教授致以诚挚的感激之情。严老师为我和师兄弟们搭建了一个严谨、和谐的研究环境，为我的科研之路指明了方向。也非常感谢严老师在我就业之后，仍然关心我的发展，不时为我指点迷津。

同时，也要感谢我的硕士生导师张强教授。张老师用理论与实践并重的学术训练，让我知道应如何看待工业设计研究、如何做一名合格的设计研究者。

感谢父母。父母半生里不问回报，一心为我。父母经常叮嘱我要关心社会、回报社会。是他们的教导、理解和包容，让我的成长之路成为一片坦途。祝愿父母永远健康，希望我的每一点一滴的进步，能够给予父母更多的欢愉。

入职三年以来，北方工业大学机械与材料工程学院的多位老师都曾给予我帮助。我要感谢李强教授、王文革教授对我的点拨，感谢系主任刘永翔教授对我生活上、工作上无微不至的关怀和照拂。也要感谢工业设计系的每一位老师，因为不断与各位同事交流，我才能有所提高。感谢清华大学工业工程系张伟教授、清华大学美术学院蔡军教授、清华大学社会学系孙凤教授、北京化工大学经济管理学院陈娜副教授、中国地质大学艺术与传媒学院方浩副教授、鲁迅美术学院张继涛老师、北京城市学院孙小凡老师，多次交流请教，思路才得以越来越清晰。拙作能够面世，更要感谢经济管理出版社赵亚荣老师的支持和指导。

本书所研究的老年人自驾出行问题，在世界上多个国家已成为热门问题，交通工具的适老化设计成果也很丰硕。谨盼能以此著作与国内外同行交流共飨。